好榜样
胜过好老师丛书

缪进鸿　顾问
钱伟刚　主编

青少年
励志读本

所谓成功，就是能够坚持到底

PERSEVERANCE
IS THE KEY TO SUCCESS

李　辉　缪德民　卓　勇　钱伟刚　编著

浙江出版联合集团
浙江人民出版社

序一

PREFACE Ⅰ

青少年时代往往是梦想的时代，他们可能多次想象着自己的未来：成为科学家还是文学家？政治家还是艺术家？或许可以当个医生？当然，做个发明家也很好。

面对成才这一最普通、最重要的人生课题，我们首先会联想到那些杰出人物的成才经历。他们是人类的精英，是社会文明和进步的先觉者、开拓者。每位杰出人物都是一部让我们读解不尽、获益无穷的“宝书”。他们的人生旅程和奋斗经历，是许多年轻人极感兴趣的话题。

因此，很多人都爱读名人传记。的确，人生需要阅历。而当你披览名人传记时，你就经历着不止一个人的，而是很多人的生活阅历。这样，在自己的生活经验之上又添加了别人的经验，从而能打破时空的局限，在未来的人生道路上如鱼得水、左右逢源。尤其重要的是，别人的生活经历对你很可能有着极大的启示呢！

当然，由于各人所处的时代不同，社会制度不同，成功的内在因素和外部条件也不同。在他们之中，除少数天才外，大多是靠着勤奋取得成功的。达尔文为写《物种起源》，付出了20多年的艰苦劳动和思考；道尔顿连续50年，坚持每天记录天气情况，直至他心脏停止跳动之前几小时；居里夫人为了提炼元素镭，与丈夫在一间破工棚里连续工作了4年；李时珍为了研究某些植物的药性，广泛地向老农、渔夫、樵夫、铃医请教，足迹遍及太和山、大别山、茅山、伏牛山等地，积累了丰富的第一手资料……

也有一些成功人物，先天条件并不好，但他们克服了重重艰难险阻，最终登上了辉煌的峰顶。爱因斯坦小时候智力平平；安徒生是一个鞋匠与洗衣妇的儿子；狄更斯出身贫寒，儿时当过童工；法拉第是铁匠的儿子，曾是学徒；马克·吐温生来体弱；开普勒终生疾病缠身；范仲淹自幼失怙；杜甫终生贫苦；契诃夫一生不幸。然而，他们最终成为事业上的“大家”，这正好印证了孟子的话：“故天将降大任于斯人也，必先苦其心志，劳其筋骨，饿其体肤，空乏其身，行拂乱其所为。所以动心忍性，曾益其所不能。”

事实上，无数成功人士也曾和我们一样默默无闻，但真正使他们走向成功的是远大的志向、不懈的努力、坚毅的品性、过人的胆略与执着的勇气，这使他们熬过了人生的严冬，迎来了生命的春天。

本丛书既是高级科普作品，又是人才学研究力作。丛书各位编写者从事研究比较人才学十余载，以惊人的毅力和多年的辛勤，从世界范围内筛选出最优秀的政治领袖、军事统帅、思想宗师、科学英杰、发明大家、文学泰斗、艺坛巨擘、名家名流百余人，把他们的成长经历，写成一篇篇“小传”。本丛书选取成才的各重要因素作为不同阅读主题。在写作过程中，既要重点显示与每本书的阅读主题有关的因素，又要给人以“饱满”的人物形象，这就很容易把人物的“小传”

写成一篇篇枯燥乏味的故事梗概。但我们眼前这套书所涉及的人物，既进行一般性的介绍，也截取一些精彩的特写镜头，来勾画人物一生的轮廓及思想、成就。多数人物故事情节生动、语言精练，有新思想、新观点，令人读来兴趣盎然，大都能留下完整而深刻的印象。

希望读者能从中看到每一杰出人物的成才轨迹，看到他们如何一步步走向成功，从中感受到他们百折不回的顽强奋斗精神，探求他们成才的“秘诀”，并从中获得激励和启示。

王梓坤

2017年3月5日

（王梓坤，中国科学院院士，北京师范大学原校长，数学家）

序 二

PREFACE Ⅱ

最近大家都在讨论钱学森之问：为什么现在我们的学校总是培养不出杰出人才来？要回答这个问题并不是太容易。这是一个复杂的、带有系统性的社会问题。有文化传统问题，也有社会环境问题；有教育制度问题，也有劳动人事制度问题等。

单从教育来讲，现在我国的基础教育的最大弊端是不培养学生的兴趣爱好，不培养学生的智慧能力，而是培养学生成为应付考试的机器。这个弊端人人都看见，人人都痛恨，但就是改变不了，也不愿意去改变。为什么？我只举一个例子，大家就可以明白。2007年11月，我在成都市参加青羊区减轻学生学业负担座谈会，参加会议的有老师、有学生、有家长。大家都谈了减轻学生学业负担的看法，最后要我说点意见。我就说，要减轻学生的学业负担，首先老师有责任，要把每堂课都上好，让每个学生都听懂学会，这样就可以少布置课外作业；其次家长有责任，学校减少了作业，家长不要给孩子加码——

现在许多家长把孩子送到补习班学习，周末也不让休息，增加了孩子的负担。我说：“我最讨厌奥数班，人人学奥数，这是摧残人才。”话音刚落，一位小学生就举手发言，他说：“顾爷爷，你说讨厌奥数班，但我们不上奥数班就上不了好的初中，上不了好的初中就考不上好的高中，上不了好的高中就考不上好的大学，上不了好的大学将来就找不到好的工作，我们怎么养家糊口啊？”这样的话出于一个十来岁的孩子之口，真是又可笑又可悲。但它反映了中国社会的现实。可见教育要改革何其之难！

但是教育并非无能为力。教育，特别是基础教育，要敢于冲破传统观念，改革培养模式和方法，这对于人才的培养是至关重要的。

冲破什么传统观念？最主要的是人才观、成才观。什么样的人是人才？广义来讲，只要有社会责任心，有一定工作能力，勤奋努力，为社会做出一定贡献的都是人才。但人才是有层次的，杰出人才只有极少数，是人才中的精英。教育要找出培养一般人才和杰出人才的平衡点，就是要坚持公平而有差异的教育原则。所谓教育公平，从最终的结果来讲，就是使每个人通过教育都得到充分的发展。但人的天赋、生长环境是不同的，只有根据每个人的不同特点施以不同的教育，也即因材施教，才能使每个人的潜在能力得到充分发展。所以，公平和差异既是矛盾的，又是统一的。如果不顾学生之间的差异，施行同一种固定模式的教育，这对学生来讲是最大的不公平。可是我们现在的教育却违背了这条规律。每个家长都认为自己的孩子是天才，都想把他（她）培养成精英。但是事与愿违，结果却是增加了学生的负担，伤害了学生的学习兴趣和积极性，使学生的特长得不到充分发展。这使我不由得想起80多年以前鲁迅在北京师大附中的一次演讲，叫《未有天才之前》。他在演讲中讲：“天才并不是自生自长在深林野里的怪物，是由可使天才生长的民众产生。”又说：“在要求天才的产生之前，应该先要求可以使天才生长的民众。——譬如想有乔木，想看好花，一定要有好土，没有土就没有花木了；所以土实在较花木还重要。”鲁迅在师大附中讲话的那一年，钱学森正在附中读书。钱学森正是在使天才生长的民众中产生出来的。我们的中小学不可能使每个学生都成为天才，但要有使天才生长的土壤。

要改革培养模式和方法。现在的培养模式是知识填鸭式，而不是因材施教，不是启发式。成才之路是不是知识学习得越多越好，是不是考试分数越高越好？事实证明并非如此。成才需要有综合的条件，也就是说泥土中要有多种养分，花木才能生长得好。教育最重要的是设计学生成长的环境，指导他（她）主动地、积极地学习。我总觉得，培养学生的兴趣是基础教育最最重要的。没有兴趣就没有学习，恐怕可以说是颠扑不破的真理。如果学生较早地对某个学习领域有了兴趣，再加上勤奋努力，有克服困难的毅力，我想他将来就能成才。因此，基础教育培养学生的学习兴趣和爱好，培养他们的自尊心、自信心、自强心、责任心，培养他们克服困难的意志和毅力是十分重要的。

以上的议论是我在看到“好榜样胜过好老师”丛书以后想到的。这套丛书是科普读物，以面向中学生为主，由浙江人民出版社出版发行，一共有六册，书名分别为《有兴趣，成功就这么简单》《你的磨难，终将照亮你的未来》《别向失败低头，你还有了不起的梦想》《所谓成功，就是能够坚持到底》《将来的你，一定会感激现在勤奋的自己》及《不是你没有运气，而是你没有准备》。我读到的是第一册《有兴趣，成功就这么简单》就是“好榜样胜过好老师”丛书中的一种，刚好与我提倡的“没有兴趣就没有学习”的命题合拍。记得我在20多年前为北师大学生刊物写过一篇小文章《兴趣加勤奋——成才之诀》。我觉得兴趣是学习最大的动力，古今中外杰出人物都是在年幼时对某种事物感兴趣，然后立志从事它，并克服种种困难而最后获得成功的。其他几本书，从书名就可以了解，都是讲杰出人物在成长过程中遇到的故事。这六本集子连接起来，正好说明杰出人物成长的规律。

这套丛书不是枯燥的说教，而是讲述杰出人物成长的故事，有史实、有情节，非常有可读性。这些内容，学生读了会有榜样作用，知道自己该立什么志向，如何对待人生，如何培养学习的兴趣，如何克服困难，执着追求，努力成才；老师读了会得到启发，知道怎样培养学生的兴趣爱好、信念意志，怎样帮助学生克服困难；家长读了会明白孩子最需要的是什么，怎样为孩子成长提供最适合的环境和条件。

最后我还想说几句，本丛书编写者做这件事是十分严肃认真的，绝不同于一般的流行书籍，随便抓几个例子，说一通空话。“好榜样胜过好老师”丛书，只是他们研究成果的一部分。我们要建设人力资源强国、创新型国家，就需要培养一批杰出创新人才，就需要研究人才成长的规律。我非常佩服他们的远见卓识，佩服他们的执着，也感谢他们辛苦的劳动，他们搜集了大量资料，作了科学的分析处理，其工作量是巨大的。其成果是为我们青少年的教育、为杰出人才的成长做出的一大贡献。

顾明远

2017年3月15日于北京求是书屋

（顾明远，中国教育学会会长，北京师范大学教授）

导读

FOREWORD

知识需要积累。“不积跬步，无以致千里；不积小流，无以成江海”。然而，积累知识不是一朝一夕的事，它需要长期的、不懈的努力才能达到。正如《荀子·劝学》中所说：“锲而舍之，朽木不折；锲而不舍，金石可镂。”它告诉我们，无论学习还是做任何事，要想成功，必须要有坚持到底的决心，即要有毅力。

从心理上说，毅力属于意志范畴，也就是人们为着实现一定目标而克服困难的心理过程及其行为表现。意志是人格中的重要因素，对人的一生有着重大影响。人们要获得成功必须要有意志力作保证。据传，有一天，李白走过一条溪水边，看见一位老婆婆正在磨一根铁棒，说要把它磨成一根针。李白听后颇受感动，从此发奋读书，终于成为一代大诗人，被后人冠以“诗仙”的美名。后来那条小溪便被称为磨针溪，至今我们还常说：“铁杵磨成针，功到自然成”。

这个故事说明，人本身就有一种内在的毅力，这种毅力要在一定条件下调动起来，以发挥其作用。陈子昂年少时，由于父母的娇惯，只知道骑马打猎或斗鸡赌钱。一次路过一家书塾，无意中听到老师讲“少壮不努力，老大徒伤悲”的故事，他受到极大触动。从此，发奋读书，终于成为初唐大诗人。画家吴道子小时候喜欢画画，但总不入门。有一天，他外出游玩散心，看见两个妇女正在烙饼。只见一妇女把擀成的饼随手一扔，正好落在鏊子上。另一妇女把烙熟的饼，随手一挑，就落在一块木板上，上下齐整，丝毫不差。吴道子十分惊奇，一妇女却含笑回答：“这没有什么诀窍，只不过是天天烙，月月烙，工夫久了，手法也就熟了。”吴道子一听，恍然大悟。从此，他勤学苦练，终于成就一代“画圣”。类似的事例还有很多。

研究表明，毅力不但可以通过某种启发而发挥出来，也可以通过有意识的磨练而得到增强。那么如何才能增强自己的毅力呢？

一是要有明确的目标。人的意志活动，总是指向一定目标的，目标的性质决定人的意志力。只是人生观不同，兴趣爱好不同，人们追求的目标也不同。但有一点是人们所认同的，即崇高的人生目标往往能有力地激发出坚韧的意志力。

18世纪电的发现者富兰克林，少年时卖过报，当过学徒，但他有一个信念：用自己的发明为别人服务。正是这个崇高的目标给了他无穷的动力，使他在科学上为人类做出了伟大的贡献。拉马克早年志向未定，一直无所事事，直到24岁时，在法国著名思想家卢梭的影响下，走上了科学研究的道路。他花了整整11年的时间，系统地研究了植物学，写出了名著《法国植物志》。在他50岁时，开始研究动物学，此后，他为动物学花了35年时间，成了一位著名的博物学家、生物进化论的先驱。

二是要培养兴趣。一旦对某一问题产生了兴趣，其所激起的学习和探索的力量是无穷的，它会转化为不竭的动力和顽强的毅力，使你能在艰苦的环境中而不觉其苦，执着追求，百折不挠。

达尔文出身于医生世家，父亲希望他能继承祖业，但达尔文的兴趣却在生物学。他不仅搜集各种昆虫和植物标本，而且到处采集贝壳、化石之类的东西，把卧室摆设得像个小型博物馆。为了更广泛地探索各类物种，他还乘“贝格尔”号舰进行了历时5年的环球航行，对动植物和地质结构等进行了大量的观察和采集。归来后又花了15年时间写成划时代的巨作《物种起源》。诺贝尔幼年时，父亲希望他成为一名机械师，他本人则对炸药试验有着极大的兴趣。母亲认为研究炸药是件危险的事。但诺贝尔决心已定，他不厌其烦地向父母和亲朋好友们解释研制炸药的重要性。就这样，他通过百折不挠地努力，先后研制成功了雷管、猛炸药、炸胶和无烟火药等，成为名闻世界的“炸药大王”。兴趣可以使舍勒去尝氢氰酸，使爱因斯坦忘记自己的家门，使法布尔整天趴在地上观察昆虫。在科学史上，在兴趣驱使下持之以恒取得成功的人比比皆是。

三是要坚持不懈。古人说，“善始者实繁，克终者盖寡”，意思是说，有好的开始的人很多，但能坚持到有好的结局的人却很少。因此，大凡成功者均是数十年如一日，专心致志、锲而不舍的意志坚韧者。

被后人誉为“书圣”的王羲之，7岁练习书法，每天坐在水池边练字，练完字就在池水里洗笔。天长日久，竟将一池水都洗成了墨色，至今留下“墨池”的典故。被人称为“草圣”的唐代书法家怀素，因每日刻苦练字，用秃了许多毛笔，堆集起来埋在山下，留下“笔冢”的雅名。李时珍写《本草纲目》用了27年，哥白尼写《天体运行论》用了30年，马克思写《资本论》用了40年。有人问牛顿是怎样发现定律的，他回答说：“我只不过是无时无刻不在思考它。”

四是要从小事做起。美国学者米切尔·柯达说过：“以完成一些事情来开始每天的工作是十分重要的，不管这些事情多么微小，它会给人们一种获得成功的感觉。” 著名科学家李四光向来以工作坚韧、一丝不苟著称，这与他年轻时就锻炼自己每步走0.8米这类的小事不无关系。道尔顿平生不畏困难，这和他50年坚持观察气象而养成的韧性息息相关。

从小事做起，由易入难，既可增强信心，又能锻炼毅力。我们可以着手做的小事情很多，比如，你好睡懒觉，那就让自己一睁开眼就起床；如果你做事拖拉，那就不妨把“今日事，今日毕”作为座右铭；如果你不爱看书，那就强迫自己每天读一小时的书，不读完就不睡觉……实践证明，每一次成功都将会使意志力进一步增强，为你的下一次攀登提供一个“立足点”。如果你用顽强的意志克服了一种不良习惯，那么就能获取战胜更大困难的信心。

五是要提高自制力。自制力就是控制自己的能力，是指能够完全自觉地、有意识地控制自己的情绪，支配自己行动的能力。自制力表现在两个方面：一是善于迫使自己执行已定的决定；二是善于抑制与自己的目标相背的行动。是否迫使自己执行正确的决定，能否抑制无益的欲望和行为，是判断一个人自制力强弱的标志。禁欲、忍耐、坚持不懈等都属于自制力范畴，而“放纵自己”，追求“完全的自由，无拘无束”，任凭感情支配自己的行动，都是缺乏自制力的表现。

马克·吐温的方法，或许对我们有所教益：“关键在于每天去做一点自己心里并不愿意做的事情，这样，你便不会为那些真正需要你完成的义务而感到痛苦，这就是养成自觉习惯的黄金定律。”按照这一黄金定律，你可以选择每天清晨长跑来帮助自己增强自制力，也可以练习一种乐器，坚持阅读或写作。在这里，坚持是问题的关键。每天坚持做点自己原本不太喜欢的事情，最终会让你获得自律、毅力，从而增强自制力。

总之，毅力是实现理想的桥梁，是驶往成才的渡船，是攀上成功的阶梯。生活昭示我们，人皆可以有毅力，人皆可以锻炼毅力。让我们不断磨练自己的毅力，坚持不懈，持之以恒，一步一个脚印去实现自己的人生理想！

目录

CONTENTS

欧阳修

——一个北宋诗文革新运动的领袖及文学大家

“环滁皆山也。其西南诸峰，林壑尤美。望之蔚然而深秀者，琅琊也。山行六七里，渐闻水声潺潺，而泻出于两峰之间者，酿泉也。峰回路转，有亭翼然临于泉上者，醉翁亭也。作亭者谁？山之僧智仙也。名之者谁？太守自谓也。太守与客来饮于此，饮少辄醉，而年又最高，故自号曰醉翁也。醉翁之意不在酒，在乎山水之间也。山水之乐，得之心而寓之酒也。”每读到这段文字时，眼前仿佛出现一幅美妙绝伦的山水画，有山，有泉，有林，有亭。蔚然而深秀的琅琊山，风光绮丽，苍翠欲滴。而文章格调清丽，遣词凝练，读来抑扬顿挫，铿锵悦耳。能写出如此美妙、传颂千古的文章，非文学大家而不能为！他就是北宋政治家、文学家，北宋诗文革新运动领袖欧阳修。

一、孤贫力学，扬名文坛

欧阳修（1007～1072），字永叔，号醉翁，晚年号六一居士，宋真宗景德四年（1007）六月二十一日，出生于绵州（今四川绵阳），祖籍庐陵（今江西永丰）。父亲欧阳观做过几任地方官，俸禄微薄，却廉洁奉公、乐善好施，深为时誉所推崇。母亲郑氏，出身于江南名门，受过很好的教育，有较高的文化修养。

欧阳修4岁时，父亲病逝，母亲郑氏无以为生，只好带着他远赴随州（今湖北随县），依附在那里做官的叔父欧阳晔。叔父是一个下级官吏，经济条件也不好，但他对寡嫂和孤侄的照顾无微不至，这让欧阳修感念不尽。

母亲还曾对欧阳修说过，父亲做官时，常在夜间秉烛办公，多次停下来叹气。问他什么事情，他说："是死刑案子，我想寻求保全犯人生命的可能，却没有找到。"问："生路可以寻求吗？"回答说："尽力寻求而得不到，被判死刑的人和我就都没有遗恨了。尽管如此，仍然还有因失误造成不该死的人被处死的，然而世间仍有官吏却常有意寻找处死犯人的理由呀。"欧阳修听了这段话，终身难忘。

母亲把全部希望寄托在欧阳修身上。她叮嘱欧阳修要学父亲的为人，遇事不要随波逐流，做一个像父亲那样仁厚方正的人。她还教欧阳修读书。为了省钱，她就用芦苇秆做笔，在河边的沙地上教欧阳修写字。这就是传诵千古的"荻画学书"的故事。

欧阳修逐渐养成刻苦好学的习惯，每天都夜以继日地读书，家里的书读完后，就找人借。借书总有时间限制，他只有争分夺秒，一边读一边抄录，以便还书后还可读手抄本。每当他刚刚抄完，书就已经背得滚瓜烂熟了。

随州城南有一李姓人家，藏书多达万卷。欧阳修特别喜欢到他家去玩，李家人也喜欢小欧阳修，常把一些从不轻易外借的书让他读。一次，欧阳修在李家发现一部残破不堪的《昌黎先生文集》，便借回家。韩愈那雄健宏阔的文章一下子吸引了他。他读着这些与当时流行的文风截然不同的文章，竟至忘记吃饭，一口气读到深夜还余兴未尽。

韩愈的文章为少年欧阳修打开了一个广阔的新天地。他决心寻求其中精义，精研做文章的道理，立志继承唐代古文运动的优良传统，与韩愈齐名。

经过潜心苦读，欧阳修学问大进。他所写的诗赋，如成人一样。都官见到后说："真是少年奇才，将来必成就名声。"

宋仁宗天圣元年（1023），欧阳修16岁，首次在随州应举，结果名落孙山。他意识到自己落榜的原因是文章不合时宜。两年后，欧阳修再次应举。这次他幸运地通过州试，但在京师的省试中再次落榜。他考虑到自己的出路，不得不把注意力集中到西昆体和四六文上来。

欧阳修很快就掌握了写作这种文章的技巧。天圣七年（1029）春季和秋季，他两次参加国子监考试，均获第一。第二年正月又参加由晏殊主持的进士考试，再次名列榜首。三月，参加御前殿试，被录取为甲科第14名，终于金榜题名。

中进士后的欧阳修，被任命为西京（今河南洛阳）留守推官。天圣九年（1031）三月，他来到洛阳，在河南使相钱惟演手下做推官。

在洛阳的三年间，欧阳修主要负责掌管文籍，实际上是个没有多少事做的闲官。这使他有充分的闲暇与一些声气相投的朋友一起游山玩水，饮酒赋诗。他几乎遍游中州名胜，写下了许多新颖、活泼的名篇佳作。他逐渐在文坛上崭露头角，诗名也越来越大，"遂以文章名冠天下"（《宋史·欧阳修传》）。

二、宦海沉浮

景祐元年（1034）五月，欧阳修西京推官任满，两个月后回到京师，升为馆阁校勘，奉命与尹洙、蔡襄一起整理秘阁藏书，编写《崇文总目》。

景祐三年（1036），范仲淹忤宰相被贬，引起正义之士纷纷上书，请求宋仁宗收回成命。而左司谏高若讷居然颠倒是非，诋毁范仲淹。欧阳修激于义愤，修书高若讷，揭露他的虚伪与卑鄙：你作为一个专门言事的谏官，却诋毁忠良，恬不知耻，真是大宋朝廷的羞耻！高若讷恼羞成怒，把信给宋仁宗看，于是，欧阳修也被贬为夷陵（今湖北宜昌）县令。

夷陵是个倚山临江的偏僻小县。欧阳修一到任，便立即动手处理各种公务。他翻阅陈年文牍时，发现冤假错案数不胜数，不禁仰天长叹：一个荒远的小县竟有这么多冤案，整个天下就可想而知了！他很快从贬谪伤感的情绪中解脱出来，勤勉地处理各种公务。

夷陵地处长江沿岸，风景优美。在公务之暇，欧阳修常带上几个随从，在夷陵的青山绿水间尽情遨游，并写了许多优美的诗篇。这些诗作大都洋溢着乐观的情调，如名篇《戏答元珍》，就是这时所写。

一年后，欧阳修又先后到乾德（今湖北光化）、滑州（今河南滑县）任职。

宋仁宗康定元年（1040），范仲淹被起用为陕西经略安抚使，准备征召欧阳修为掌书记。欧阳修婉言谢绝说："过去我支持您，反对奸相吕夷简，难道是为了贪图得到您的回报吗！我愿与您共患难，但不想借助您的力量飞黄腾达。"不过就在这年六月，他终于结束了四年的贬谪生活，诏回京师，官复原职。三年后，很多人举荐他为人方正，忠直敢言。于是，朝廷便任命他正式充任太常丞，并知谏院，后来又以右正言知制诰，这样，他就更加接近皇帝了。

欧阳修做了谏官以后，在前后不到一年时间里，他就向宋仁宗上了六七十篇奏议，倡言自己的政治主张。而且，他不畏风险，大胆揭露各种腐败现象，抨击吕夷简等权臣，举荐范仲淹、富弼、韩琦等贤臣。

庆历三年（1043），吕夷简退休，范仲淹因经略边疆有功，众望所归，出任参知政事。这时，富弼、韩琦等人纷纷得到重用。于是，范仲淹开始了大刀阔斧的改革，是谓庆历新政。欧阳修是庆历新政的坚决支持者和积极参与者。他除主张革除弊政外，还建议改革科举考试中的弊病，扩建京师太学，在各州县广建学校，并经过实地调查，向朝廷提出垦荒的建议。

由于庆历新政触动了许多贵族官僚的利益，遭到朝廷内外一批人的反对。一些旧官僚攻击范仲淹、欧阳修等人私结朋党，祸害天下。欧阳修针锋相对，写了著名的《朋党论》加以驳斥。他指出："朋"有君子与小人之分。君子为了国家利益，以道义、忠信、名节相互砥砺，同舟共济；小人的目标是利益和官位，为了共同利益，他们可以组成

“朋”，一旦利益冲突，则相互攻击，所以，他们的“朋”是伪的。这篇文章析理透辟、言辞犀利，对保守派来说，不啻为当头一棒。但是，缺乏主见的宋仁宗，还是对庆历新政产生了疑惧。范仲淹等人被迫相继离开朝廷。正在真定府公干的欧阳修，听说范仲淹被免官的消息后，置个人荣辱安危于不顾，愤然上书。他自己则被人诬告，下到开封府大牢。后虽查明是诬陷，但他还是被贬到滁州（今安徽滁县）做知州。

被贬滁州后的近十年内，欧阳修一直宦游于江淮间。这段日子是他一生中最萧瑟的时期，也是他创作的巅峰。在这一时期，他写了大量脍炙人口的名篇佳作，其中最著名的要属在滁州时写的《醉翁亭记》了。

•《醉翁亭记》中的醉翁亭位于安徽琅琊山半山腰，建于北宋仁宗庆历六年（1046）。亭屡经废兴，为我国四大名亭之一

三年后，欧阳修又先后到扬州、颍州（今安徽阜阳）、应天府（今河南商丘）等地任职。

凡欧阳修任职的地方，不显露治理事迹，不追求名声荣誉，为政宽简而不烦扰，所到之处，百姓都能享受安逸的生活。有人问他原因时，他说：“把放纵无度作为宽，把省略必要的东西作为简，那就使政事败坏，而且百姓也会受害。我所谓宽者，是不做苛刻急迫的事；简者，是不做繁碎扰人的事罢了。”

至和元年（1054），欧阳修奉诏重返京师。就在这一年，他上了一份《论权贵子弟冲移选人》的札子，指责权贵子弟滥用特权，随意顶替

"贫寒之人"的候选官缺，要求加以限制。这又惹恼了豪门权贵，幸好有人出来为他仗义执言，才被留在京师，与宋祁同修《新唐书》。此后，欧阳修的仕途越来越顺，最后升至参知政事，封开国公。然而，他丝毫也没有得意的感觉，相反，一种暮岁的情绪越来越困扰着他。嘉祐五年（1060），他的身体越来越差，最后获准辞去官职，住到城南。

短暂的休假之后，他又官复原职。这时欧阳修虽然只有50多岁，但已是衰朽的老人了。英宗至平二年（1065），他又患上了消渴症（糖尿病），身体愈加衰弱，再次决心退休。可一连三次上书，皇帝都没有答应。至平四年（1067），英宗去世，神宗赵顼即位，欧阳修再次受到攻击。他上书强烈要求离京外放，神宗准他以刑部尚书出知亳州。

到亳州后，欧阳修又一连上书十封请求归田，仍然没能获准。熙宁二年（1069），他奉诏改知青州，第二年又改知蔡州。熙宁四年（1071）六月，他再次上书请求告老还乡，终于得到恩准。七月，欧阳修迫不及待地回到朝思暮想的西湖（颍州）之滨，开始了他梦寐以求的隐居生活。

熙宁五年（1072）闰七月二十三日，欧阳修走完了他的生命历程，终年66岁。

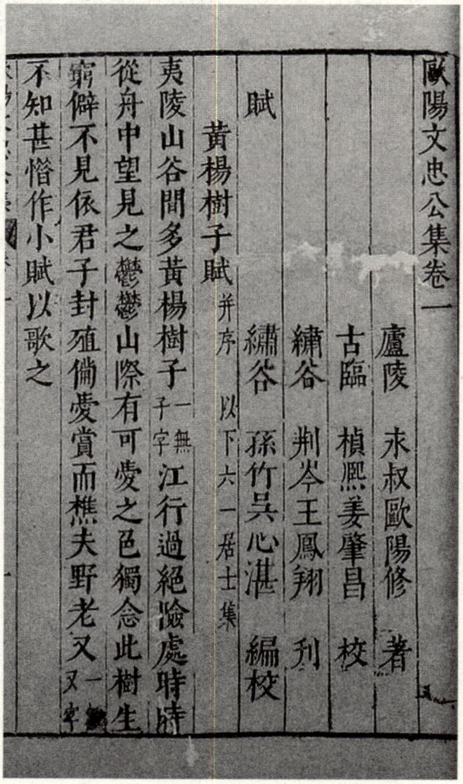
歐陽文忠公集卷一
盧陵 永叔歐陽修 著
古臨 楨熙姜肇昌 校
繡谷 荆岑王鳳翔 刋
繡谷 孫竹吳心湛 編校
賦
黄楊樹子賦并序 以下六一居士集
夷陵山谷間多黄楊樹子一無子字江行過絕險處時時從舟中望見之鬱鬱山際有可愛之色獨念此樹生窮僻不見依君子封殖備愛賞而樵夫野老又一無又字不知甚惜作小賦以歌之

• 《欧阳文忠公集》（明代）

三、文坛革新领袖

北宋初期的文学，继承了晚唐五代浮靡的文风，片面追求辞藻华美、对仗工整的诗体，称为西昆体，其代表人物有杨亿、刘筠、钱惟演等，他们片面发展了李商隐创作中追求形式美的倾向，思想内容贫乏，也很少抒写诗人的真情实感，缺乏生活气息。

与这种浮靡文风相对立，复古主义思潮也在发展。其代表人物有柳开[①]、穆修[②]、石介[③]等人。但他们只是对浮艳的文风起到廓清的作用，并没有什么创作实绩。后来当石介任职国子监时，在他的影响下形成一种险怪奇涩的新文风——太学体，这也是由他们理论上的缺陷所导致的文学逆流。

因此，真正彻底矫正西昆、太学之弊的是欧阳修领导的诗文革新运动，使古文走上了以平易自然、明白晓畅为风格特点的发展道路。

作为儒学复古的倡导者和领袖，欧阳修以继承儒家道统为己任。与前辈们不同，他有着富有调和性、包容性的文学主张。他一方面继续反对风格华美的西昆时文，也反对怪癖生涩的太学体。这就使欧阳修在理论上站住了脚，从而为北宋的诗文革新确立了指导思想，并为宋代古文的发展开辟了广阔的前景。

欧阳修文坛领袖地位的确立，不仅靠高超的文学造诣和崇高的政治地位，更得益于其伟大的道德人格。在政治上，他以天下为己任，刚正不阿，不畏权势，这为重视道德节操的士大夫阶层所景仰；在文学上，他对后进的爱护和不遗余力地提拔更是被时人所称道。当时，几乎所有的著名文人都得到过他的帮助。梅尧臣、苏舜钦二人潦倒时，欧阳修对他们以诗坛宗主视之；曾巩[④]落第，他亲自为其写序饯别；名不见经传

---

① 柳开（947～1000），北宋散文家。大名（今属河北）人。他提倡复古，反对五代颓靡的文风。其作品文字质朴，但枯涩，缺乏感人的力量，因而影响不大。

② 穆修（979～1032），北宋散文家。郓州（今属山东）人，后居蔡州。他推崇韩愈、柳宗元，提倡韩柳古文。他的文章不多，但颇有深度，与韩文相近。

③ 石介（1005～1045），北宋文学家，字守道，兖州奉符（今山东泰安东南）人。仁宗天圣八年（1030）进士，曾任秘书省校书郎、郓州观察推官、镇南军节度掌书记、嘉州军事判官、国子监直讲等职。

④ 曾巩（1019～1083），字子固，建昌南丰（今属江西）人。北宋政治家、文学家，“唐宋八大家”之一。他天资聪慧，勤学苦读，史称“十二岁能文，语已惊人”。20岁入太学，上书欧阳修并献《时务策》。欧阳修见其文笔独特，非常赏识，自此名闻天下。

的“三苏”，如果没有他的赏识，恐怕只能埋没终身；包拯、范仲淹、韩琦、胡瑗等贤臣，也无一不得到过他的大力举荐。

最令人感动的是，当他读到刚出道的苏轼的文章时，竟然激动地大叫：“读轼书，不觉汗出。快哉！快哉！老夫当避路，放他出一头地也。可喜！可喜！”（《与梅圣俞书》）作为文坛盟主，对默默无闻的青年新秀，居然如此推崇，怎能不让人钦佩他博大的襟怀与雅量！

嘉祐二年（1057），欧阳修知礼部贡举，负责科举考试。他利用这一机会，革新文风，决心以自己在文坛上的威望和为国选才的权力，痛革文坛积弊。他虽深知太学体有众多支持者，但仍然严厉申明，应试文章要使用平易实用的散文，并明确规定，本次考试将力斥那种空洞浮华、险怪奇涩的文章。

在这次考试中，苏轼、苏辙、曾巩等名传千古的散文大师都脱颖而出。然而，那些善写四六文的社会名流，深怀怨愤，俟机报复。一天清晨，欧阳修走在大街上，竟然遭到这些人的围攻。他们拦住欧阳修的马，百般辱骂，连街上巡逻的差役都无法制止。

欧阳修承受如此压力，但他领导的这场诗文革新运动，毕竟在很大程度上改变了宋初以来的浮靡文风。此后，人们开始学习汉、唐、先秦的古文，韩愈倡导的古文运动的精神重新复苏，从而开创了宋代文学的辉煌局面。

四、文学大家

欧阳修在中国文学史上有着重要的地位。作为宋代诗文革新运动的领袖，他的文论和创作实绩，对当时以及后代都有很大影响。他在文学观点上师承韩愈，主张明道致用。他强调道对文的决定作用，提出“道胜者，文不难而自至”（《答吴充秀才书》），但又纠正了韩愈的某些偏颇，在对“道”的解释上，他把现实中的“事”，看作是“道”的具体内容。他反对“务高言而鲜事实”（《与张秀才第二书》）。在对待“道”与“文”的关系上，认为“文”固然要服从于“道”，但“言以载事，而文以饰言。事信言文，乃能表见于世”。他取韩愈“文从字顺”的精神，大力提倡简而有法和流畅自然的文风。

欧阳修对公文的贡献也很大。他写有公文1102篇，公文理论也很系统。公文内容“必须合于物议，下悦民情”，形式“取便于宣读”。主张内容要完整，有条有理；形式既要规范，又要创新。他按公文的行文方向，把公文分为三类，并明确公文不能“施于非公之事”，为后世公文写作及分类打下了基础。

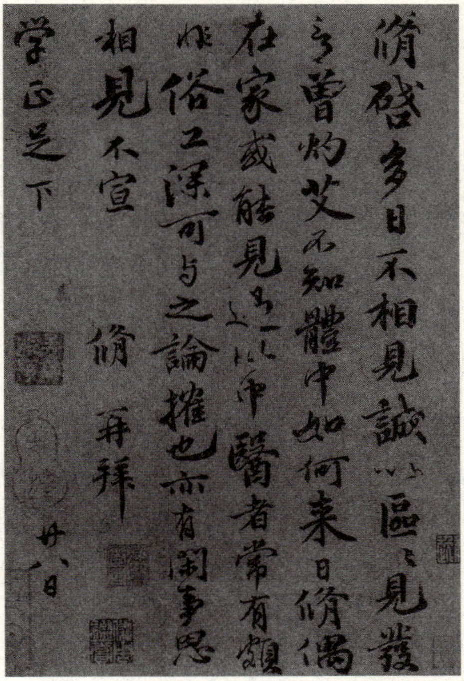

• 欧阳修行书《灼艾帖》

在创作实践中，欧阳修又是文学大家。他一生写了500余篇散文，各体兼备。他的散文大都内容充实，深入浅出，精练流畅，引人入胜。他的许多政论作品，恪守“明道”“致用”的主张，紧密联系当时政治斗争，思想尖锐，语言明快。他还写了不少抒情、叙事散文，也大都情景交融，摇曳多姿。他的《释秘演诗集序》《祭石曼卿文》《苏氏文集序》等文，悼念亡友，追怀往事，情深意挚，极为感人。

欧阳修在诗歌创作方面也卓有成就。他的诗在艺术上受李白、杜甫、韩愈的影响较大。他有一部分诗作沉郁顿挫、笔墨淋漓，风格接近杜甫，如《重读〈徂徕集〉》《送杜岐公致仕》；另一部分作品雄奇变幻，气势豪放，近于李白，如《庐山高赠同年刘中允归南康》等；多数作品，受韩愈“以文为诗”的影响，具有议论化、散文化的特点。在内容上，他的诗有一部分反映人民疾苦，揭露社会黑暗。他还在诗中议论时事，抨击腐败政治；亦有表现对妇女命运的同情，对昏庸误国的统治者的谴责。更多的是写景抒情，或清新秀丽，或平淡有味，抒发诗人的生活感受。

欧阳修不仅善于作诗，且时有新见，其最后一部作品《六一诗话》，是中国文学史上第一部诗话。他提出“诗穷而后工”的论点，发展了杜甫、白居易的诗歌理论，对当时和后世的诗歌创作产生了很大的影响。他还创作了很多词，内容大都与“花间”相近，但极善于以清新疏淡的笔触写景。

欧阳修一生著述繁富，成绩斐然。除文学外，经学研究能不拘前人之说，有独到见解；金石学为开辟之功，他编辑和整理了周至隋唐的金石器物、铭文碑刻上千，并撰成《集古录跋尾》十卷400多篇，简称《集古录》，是今存最早的金石学著作；史学成就尤伟，他除参加修订《新唐书》250卷外，又自撰《新五代史》，总结五代的历史经验，意在引为鉴戒。

苏轼

——一个在诗、词、文、书、画多方面都能雄视百代的人

苏东坡晚年曾作《洗儿[1]诗》曰：“人皆养子望聪明，我被聪明误一生。惟愿孩儿愚且鲁，无灾无难到公卿。”这是人生经验的总结，也是一种自嘲，一种无奈。不过还好，他虽因聪明而入狱，却也因聪明而成名。600年后，另一位才子郑板桥用“难得糊涂”表达了同样的无奈。人生，是要面对多种无奈，真“糊涂”，当然被人瞧不起，但过分聪明，或说聪明外露，也不是一种好现象。要想做成大事，对琐碎之事不必斤斤计较，遇事要能拿得起，放得下，淡泊名利，不为蝇头小利而费尽心机；对于纷繁变幻的世界，能看透事物，堪破人生，泰然处之。因此，效法先贤，难得糊涂，方是人生之佳境。

---

① 旧俗，婴儿出生后三日或满月时替其洗身，称“洗儿”。《资治通鉴·唐玄宗天宝十载》：“上闻后宫喧笑，问其故，左右以贵妃三日洗禄儿对。上自往观之，喜，赐贵妃洗儿金银钱，复厚赐禄山，尽欢而罢。”

一、胸中万卷致尧舜

苏轼（1037～1101），字子瞻，号东坡居士。宋仁宗景祐三年（1037）十二月二十九日生于眉州眉山镇（今四川眉山）。苏轼6岁进学堂，因聪明伶俐，经常受到老师的表扬。8～10岁间，父亲进京科考，落榜后四处游历。母亲程氏负起教导他的责任。苏轼“闻古今成败，辄能语其要”。一次，母亲教他《后汉书·范滂[①]传》。范滂的事迹对小苏轼震动很大，他问母亲：“我如果做范滂，母亲能允许吗？”母亲说：“你能够做范滂，我就做范滂母亲。”从简短的对话中，苏轼的志向与苏母的正直可见一斑。

• 以大文豪苏洵、苏轼、苏辙父子三人故居地闻名于世的三苏祠，位于四川省眉山市

到11岁时，苏轼开始大量阅读经、史、诗和选文，以备科考。父亲回来后，经常让苏轼与弟苏辙背诵古文，以致不久就“学通经史，属文日数千言”[②]。

仁宗嘉祐元年（1056）五月，苏轼抵达京城。第二年，参加礼部考

---

① 范滂（137～169），字孟博，汝南征羌（今河南郾城东南）人。他少年时便怀澄清天下之志。任汝南郡功曹时，抑制豪强，制裁不轨，结交士人，反对宦官。第一次党锢之祸起，他与李膺同时被捕。后来，许多文人被杀害，范滂就是其中之一。范滂临死前与母亲诀别。其母深明大义，范滂从容赴死。

② 宋仁宗嘉祐初年，苏洵和苏轼、苏辙父子三人文章著名于世。宋人王辟之《渑水燕谈录·才识》记载：“苏氏文章擅天下，目其文曰三苏。盖洵为老苏、轼为大苏、辙为小苏也。”以后称其为“三苏”。苏氏父子积极参加和推进欧阳修倡导的古文运动，他们在散文创作上都取得了很高的成就，后来俱被列入“唐宋八大家”。

试。主考官欧阳修看到苏轼的《刑赏忠厚之至论》，大为赞赏，就对同事梅圣俞说："老夫当避路，放他出一头地。"欧阳修是当时的文学权威，他赞誉的人，很快名扬京师。

不久，母亲病逝，苏轼必须回家守丧。守丧期满，父亲决定举家迁往京都，一家人由长江顺流而下，嘉祐五年（1060）二月抵达京都。抵京后，苏轼又通过两次考试，一次考京师各部的任务，另一次则是考"制策"，公开批评朝政。仁宗皇帝求才若渴，下令举办这种特殊考试，以鼓励公开批评。苏轼与苏辙在欧阳修推荐下报名，通过考试，苏轼的制策列入三等。从宋初以来，制策能列入三等的只有两人，苏轼即是其一。苏轼还提出25篇史论。仁宗皇帝看过苏轼兄弟的文章后，高兴地说："今日为子孙得二相才。"苏轼自己也准备大展拳脚，决心以"胸中万卷，致君尧舜"。

二、诗词文章累此身

嘉祐六年（1061）底，苏轼被任命为大理评事、签书凤翔府（今属陕西）判官。嘉祐八年（1063），仁宗皇帝去世，英宗继位。英宗久闻苏轼大名，打算破格升他为翰林，但怕大臣不服，于是安排苏轼任职史馆。苏轼有机会看到皇家收藏的珍本、手稿和名画，心里很高兴。

治平二年（1065）五月，苏轼的妻子王弗去世。第二年四月，父亲也去世了。苏轼兄弟辞官返回眉山，埋葬了妻子和父亲后，为父守孝27个月。丧期届满，苏轼再婚，他的第二任夫人是王弗的堂妹王闰之。这期间神宗即位。

苏轼初入仕途，正是北宋政治与社会危机开始暴露、士大夫改革呼声日益高涨的时期，他也迅即卷入了这一浪潮。在嘉祐六年（1061）的对策中，他就发表过改革弊政的议论，其后又在《思治论》中提出"丰财""强兵""择吏"的建议。但苏轼的改革思想比较温和，即"法相因则事易成，事有渐则民不惊"（《辩试馆职策问札子》），表明他希望改革在不引起剧烈变动的条件下施行。熙宁二年（1069）苏轼兄弟重返朝廷时，王安石正做宰相。王安石推行新法，从变更政治、经济制度入手，提出一整套变法措施。这些变法措施，是苏轼所不能接受的。他向皇帝呈送了“上皇帝书”，洋洋9000字，力陈新法之不利。苏轼的“上皇帝书”，可以说代表了他的政治主张，也显示出他的脾气和文风，整篇文章充满机智、学问和勇气：有时文笔犀利，直爽无比；有时徐徐道来，引经据典；措辞巧妙、诚挚、有力，对世事满怀激情。苏轼明知此时上书对自己非常不利，但他觉得自己有必要在关键时刻表明立场。

熙宁四年（1071）七月，苏轼主动要求外放，先通判杭州，后又做过密州、徐州、湖州等地知州。这一时期发生了一系列“天象示警①”，加之不少人的反对，变法归于失败，王安石罢相。尽管熙宁八年（1075）二月，王安石再次被任命为宰相，但他已经无能为力了。熙宁九年（1076）十月，王安石申请辞职获准后，终于彻底离开了朝廷，把自己的一生功过，留给后人去评说。

在这八九年间，苏轼在地方官任上，政绩良好，也是他写诗最活跃的时期。苏轼本性豪放，开朗，心直口快。他在会审讼案时，知道被捕的人大都是违犯新法的小民，而他根本就不赞成新法。他当然无能为力，于是只好通过诗词或给朋友的信件来表达自己的观点。这段时期，他的作品日臻成熟，熙宁九年（1076）中秋，苏轼醉后抒情，怀念兄弟，写下了千古绝唱《水调歌头·明月几时有》。

苏轼的诗名不断提高，欧阳修去世后，他成为全国公认的第一大学者。年轻学者都愿认他为师，著名的“苏门四学士”，包括张耒、晁补之、秦观以及江西诗派始祖黄庭坚。苏轼为人开朗，毫无心机，就在他赢得士林一致热爱之时，灾难也悄然而至。

---

① 古人相信“天人感应”之说，如果大自然发生“异象”，如地震、旱灾、水灾等，则认为这是上天向皇帝发出的警告，皇帝只有实行“善政”，才能避免灾难。

这里，必须提沈括[①]。沈括与苏轼是好友，因倾力支持变法而受到王安石的器重，权倾一时。后来沈括作为两浙访察使到浙江巡检“农田水利法”的执行情况。临行前，神宗嘱咐他“苏轼通判杭州，卿其善遇之”。苏轼见到老友非常高兴，把酒月下，无话不谈，并把近几年所作诗文给沈括看。沈括把苏轼的诗文重新抄录一遍，把他认为是诽谤新政的诗句一一用朱笔加注，捕风捉影，上纲上线。回到京城后，密呈给与苏轼有过节的御史中丞李定。

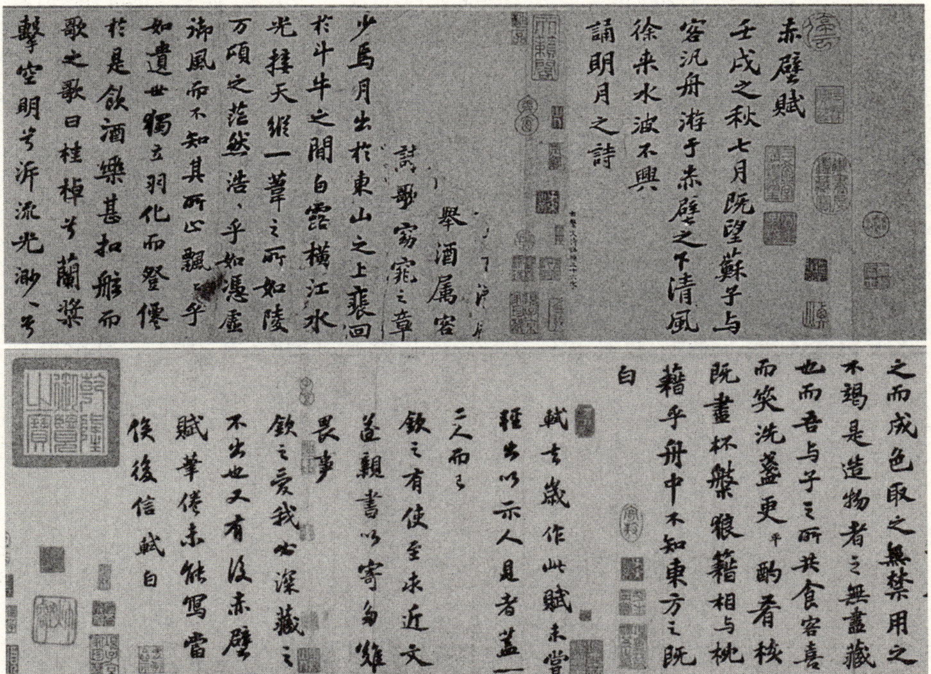

• 苏轼《赤壁赋》

---

① 沈括（1031～1095），字存中，浙江钱塘人。他的一生，成就颇丰。他参加王安石变法，并且是改革派的中坚人物。沈括在从政的同时，重视科学研究和科学发明。他所进行的科研，堪称广博，诸如观测天象，绘制浑仪景表，补修《奉元历》（类似今天的阳历）；在数学方面，创立“隙积术”和“会圆术”；在物理学方面，发现地磁偏角的存在，早于欧洲400多年；在地质学方面，从岩石生物遗迹中推论出冲积平原的形成，还提出石油的命名。他又钻研药用植物与医术。他平生著述颇多，著名的传世之作有《梦溪笔谈》《长兴集》《苏沈良方》等。

此时，李定之流正千方百计找苏轼的碴，沈括的告密，正中其下怀。恰在此时，苏轼由杭州改任湖州，在给朝廷的谢表中有“愚不识时，难以追陪新进；老不生事，或能牧养小民”这样几句话，此言一出，又被抓住把柄。御史舒亶、监察御史何大正等上疏，指责苏轼“谤讪国政”。神宗见这么多人弹劾苏轼，便下诏令御史台立案审查，由李定负责审问。

元丰二年（1079）七月，苏轼在湖州被捕，此时距他赴任湖州仅三个月。苏轼被押解到汴京，关进御史台大牢，等待判决。他们断章取义，无限上纲，甚至把苏轼歌咏桧树的两句“根到九泉无曲处，世间惟有蛰龙知”这两句诗称为隐刺皇帝。多亏神宗冷静：“诗人之词，安可如此论？彼自咏桧，何预朕事？”再加上一些正直人士仗义相救，到十一月二十九日，圣谕下发，苏轼被贬往黄州，任团练副使，但无权签署公文。这就是历史上有名的“乌台诗案”。

苏轼到黄州后，向州郡求得黄州东门外东坡故营地数十亩，开垦耕种，自食其力，自号“东坡居士”。黄州贬居三年，苏轼写了更多的诗词和散文，其中四篇传世巨作就是这一时期写成的，即《念奴娇·赤壁怀古》《前赤壁赋》《后赤壁赋》及《记承天寺夜游》。

三、心系百姓政绩显

元丰八年（1085），神宗病死，哲宗年幼，祖母高太后临朝，次年改元元祐，起用旧党司马光执政。变法的一切法令措施都暂停或废止。苏轼被调入朝。他到京师八个月，就由七品升到三品，任中书舍人、翰林学士、知制诰等职。

人们把苏轼归为旧党，但他并没意识到，他有自己的见解。他不同意司马光“专欲变熙宁之法，不复校量利害，参用所长”，在罢废免役法问题上与旧党发生分歧。苏轼认为差役免役“二害轻重，盖略相等，今以彼易此，民未必乐”（《辩试馆职策问札子》）。这又引起旧党疑忌。

元祐元年（1086）十二月到元祐二年一月，朝廷收到四五篇弹劾苏轼的状子。苏轼不想答辩，四次上表请求离京。太后一再挽留。他只好留任。为了报答太后，他决心更坦白、更直率，提出别人不敢说的意见。此后的两年中，他上交了不少策论和表状，争取能解决一些问题。议论发表得越多，反对派自然越忌恨他。苏轼感到如同置身蛇窝中。在他一再请求下，元祐四年（1089）三月终于如愿，以龙图阁学士出任杭州太守，领兵浙西。

苏轼为报太后的赏识，埋头苦干，足足一年半，他甚至无暇翻书。他请求朝廷拨款，完成了一系列利民工程。他请政府拨钱，又捐出自己的钱，在杭城中心众安桥建成一座医院，叫“安乐坊”，这也许是中国第一所公立医院。他请教专家，视察运河水位，订出一个阻止淤泥、清理河道的计划，这是他在杭州的第一件工程。他到任三个月后开始，次年四月完工。这套工程系统发生作用后，运河水深八尺，城内供水源源不断。

苏轼又开始解决西湖淤泥和野草问题。他招募工人和船夫，把挖出来的野草和泥土建成一个长堤。这道长堤便是著名的西湖苏堤。他还把岸边的湖面开垦出来，给农夫种菱角，农夫自会定期负责除草工作，从而解决了湖面长草问题。

哲宗元祐六年（1091），苏轼被召为吏部尚书，仅在京师任上三月，就以龙图阁学士知颍州（今安徽阜阳）军州事。第二年二月，苏轼奉调扬州。元祐八年（1093）秋天，有两个女人先后去世，一个是苏轼的续妻王闰之，一个是太后。她们的去世，预示着苏轼命运的大转折。他自己请调，统领河北西部的军区，担任步兵和骑兵领帅。当时军政腐败，士兵薪饷低，衣服破，伙食差，贪风很盛，官兵酗酒赌博。苏轼到任后着手修营房、整纪律，将贪污的官吏革职议罪，改善兵士服装和伙食，使军容焕然一新。

太后去世的第二年，哲宗改年号为“绍圣”。绍圣元年（1094）四月，太后摄政期间曾被监禁的章惇为相。如今，他开始疯狂报复。苏轼最先被贬到“大庾岭外”地区，任英州（今广东英德）太守。苏轼由华北动身，还未到任，他的官阶又降了一次，被改派到广州东面的惠州（今广东惠阳）任建昌军司马，不得签书公事。船到九江以南的鄱阳湖，又传来贬官的诏书，免去他建昌军司马职务，贬为宁远军节度副使，仍于惠州安置，不得签书公事。苏轼在几个月内，竟被几次追贬，在中国历史上，实属罕见。

绍圣元年（1094）十月二日，苏轼抵达惠州。在此一住三年，他对所遇的一切都淡然处之，毫不为意。但他无论是不是官员，都忘不了百姓。太守王古是苏轼的朋友。苏轼得知广州常发生瘟疫，就写信建议王古筹资来建立公立医院，并解决饮水不洁这一难题。

绍圣二年（1095）七月五日，苏轼的新居正要完成，侍妾朝云却不幸患病去世。根据她的遗愿，她被安葬在城西丰湖边。附近各庙和尚筹钱在墓顶建了一座六如亭来纪念她，亭子两边有苏轼写的楹联："不合时宜，惟有朝云能识我；独弹古调，每逢暮雨倍思卿。"

绍圣四年（1097）四月，章惇等再贬苏轼为琼州（今海南省海口市）别驾，昌化军（治所在儋州，即今儋县）安置，不得签书公事。北方人到了这里很不适应。琼州气候潮湿，夏天闷热，冬天有浓雾，秋雨期间什么都发霉。"此间食无肉，病无药，居无室，出无友，冬无炭，夏无寒泉……"当时，苏轼的身体已经很糟，但他不屈的灵魂和人生观不容许他失去生活的乐趣。苏轼贬居儋州近三年时间，广交朋友，关怀百姓，以写诗、著书为乐。

元符三年（1100）正月初九，哲宗驾崩，其弟徽宗继位。苏轼遇赦北归。建中靖国元年（1101）七月二十八日病死于常州。一代文豪走完了他坎坷的人生之路。到宋高宗时，追赠苏轼为资政殿学士，后又追赠他为太师，谥"文忠"。

四、百代文宗属一人

苏轼从小研读经史，受儒学影响较深，"奋厉有当世志"（苏辙《东坡先生墓志铭》）。他一生中，对国家的政治事务，总是敢于坚持自己的意见，甚至不顾身家性命，冒死进言。他不盲从，不徇私，黑白分明，表里如一。另一方面，多年的宦海风波也使他清醒地看到政治斗争的阴暗、卑琐和险恶，深感人生的无奈，使他从老庄哲学、佛禅玄理中寻求解脱。苏轼把两者融为一体，巧妙地解决了进取与退隐、入世与出世、社会与个人相互纠结的矛盾，并在其文学作品中发挥到极致。

苏轼重视文学的社会功能，反对“贵华而贱实”，强调作者要有充实的生活感受。“文理自然，姿态横生”（《答谢民师书》），要敢于革新独创，“出新意于法度之中，寄妙理于豪放之外”（《书吴道子画后》）。他提出“求物之妙如系风捕影，能使是物了然于心”，进一步“了然于口与手”（《答谢民师书》）。苏轼的创作实践体现了他的文艺观。他是有多方面创作才能的大家，在诗、词、文、书画等方面都取得了独到的成就。

苏轼今存诗2700多首，题材广泛，内容丰富。同情人民、关心生产、针砭时弊是苏诗的重要内容。如《次韵章传道喜雨》《答吕梁仲屯田》《石炭》《秧马歌》《游博罗香积寺》等，对前人很少涉及的社会题材，多有开发。苏轼的写景诗和理趣诗，艺术价值最高，最为脍炙人口。《游金山寺》《望海楼晚景》《望湖楼醉书》《饮湖上初晴后雨》等诗，描绘了长江夜色、江南晴雨、西湖胜景；《登常山绝顶广丽亭》《百步洪》《登州海市》等诗，则逼真地描绘了江北的地方风物和名胜。苏轼善于从日常生活和普通自然小景中悟出妙理，如《题西林壁》《琴诗》《泗州僧伽塔》等篇，即景寄意，因物寓理，余味无穷。此外，苏轼写过不少品诗、题画、鉴赏书法的诗，如《读孟郊诗》《书王定国所藏烟江叠嶂图》《石苍舒醉墨堂》等。苏诗想象丰富，奇趣横生，比喻新颖贴切，引人入胜。苏轼对古近各体均能驾驭自如，但更长古体和七言。他的七古波澜壮阔，变化莫测，最能体现奔放的才情；五古则写得朴实无华，以自然入妙见胜。苏轼的七律，气韵天成，格调圆转；七绝则写得精美明快，有不少传诵颇广的名篇。

在北宋词坛上，还没有摆脱“词为艳科”的传统观念，作品除描绘恬静闲适的生活外，绝大多数都是描写男欢女爱，别恨离愁。直到苏轼，才如旱天惊雷，词坛震撼。他一扫五代遗风，使词的创作发生了伟大的变革。他把词从个人小天地引向社会，扩大了词的境界，改变了词的柔靡风格，大大增强了词的表现力。他不仅用词写景抒情，还用词发议论、谈哲理。吊古、纪游、言志、抒怀、思乡、怀人、悼亡、留别、记事、咏物、题赠、唱和等，几乎所有诗的传统题材，在他的词中都能看到。清人刘熙载说：“东坡词颇似老杜诗，以其无事不可入，无意不可言也。”在苏轼以前，词被视为“小道”，地位不高。苏轼以一代文宗，大量写词，这就提高了词的身价，使它取得了同诗一样的地位，词的创作也因此越来越繁荣。宋词的成就高出同时代的诗、文，成为宋代文学最杰出的代表，与唐诗并列，这同苏轼的创作有直接关系。在语言运用上，天地万物，经史子集，口语俗谚，无不任其驱使。元祐词人以诗文句法入词，始于苏轼。词家于调名外极少立题，苏轼不少词作不但始用标题，有的还系以小序，序长者达数百字，文采斐然，颇能引人入胜。

苏轼对散文用力很勤，他以扎实的功力和奔放的才情，发展了欧阳修平易舒缓的文风，为散文创作开拓了新天地。谈史议政的论文，包括奏议、进策、史论，如《进策》《思治论》《留侯论》等，见解新颖，不落窠臼，雄辩滔滔，笔势纵横。叙事纪游的散文在苏文中艺术价值最高，有不少是广为传诵的名篇。记人物的碑传如《潮州韩文公庙碑》，记楼台亭榭的散文如《喜雨亭记》。其写景的游记，更以捕捉景物特色和寄寓理趣见长，如《石钟山记》、前后《赤壁赋》，即地兴感，借景寓理，达到诗情

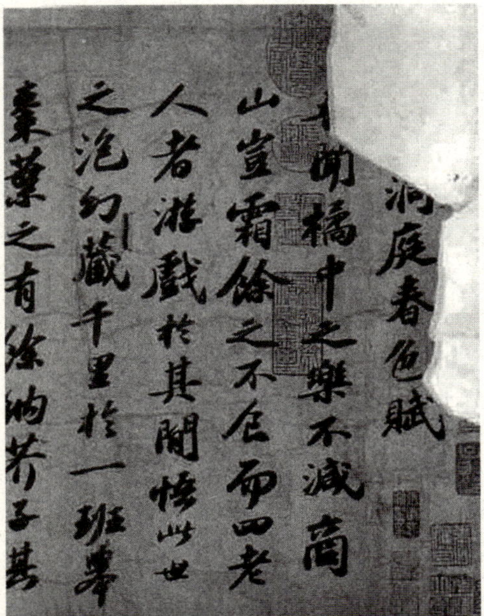

• 《洞庭春色赋》

和理趣的和谐统一。书札、题记、叙跋等杂文，在东坡集中也占有重要地位，所写书札尺牍如《上梅直讲书》《与李公择书》等，大都随意挥洒，不假雕饰，使人洞见肺腑，显现出作者坦率、开朗、风趣的个性。此外，苏轼还有一些记述治学心得的杂文，如《日喻》《稼说》等，写法上能就近取譬，深入浅出，内容上有不少独得之见。他的文章达到他自己所说“如行云流水，初无定质，但常行于所当行，常止于所不可不止。文理自然，姿态横生”（《答谢民师书》）的艺术境界。苏轼散文著述宏富，与韩愈、柳宗元和欧阳修三家并称，是“唐宋八大家”之一。

苏轼才华横溢，诗词文赋而外，对书画也很擅长。他于书法遍览晋唐诸体，自成一家，笔法肉丰骨劲，跌宕自然，同蔡襄、黄庭坚、米芾并称“宋四家”。传世书迹有《黄州寒食诗帖》《赤壁赋》《答谢民师论文帖》《洞庭春色赋》等，其中《黄州寒食诗帖》被称为“天下第三行书”。苏轼论画卓有所见，主张“神似”，提出“诗中有画”“画中有诗”，在画史上很有影响。

李时珍

——一个被称为“医中之圣”的人

纵观中国医药学史，宋、明时代是中草药最发达的时期。当时医家对本草学研究普遍有着浓厚的兴趣，并形成一种可贵的研究风气。李时珍正是在这种学术氛围熏陶下成长起来的。他汲取诸家本草之长，克服诸家本草的历史局限性，以自身过人的聪明、坚韧不拔的意志和持之以恒的精神，终于完成了人类史上的一大伟业。

一、立志学医

李时珍（1518~1593），字东璧，又字可观，明武宗正德十三年（1518）生于蕲州东门外瓦硝坝一个世代行医之家。祖父是位“铃医”，常手摇铃串走街串巷，在乡村和城镇间卖药治病。父亲李言闻，为人笃厚仁孝、乐行善事。他深知行医的清苦和劳累，为摆脱医业，曾发奋读书，中过秀才，但再也考不上去了，只好随父从医。李言闻博通经史，精通医药，以医术济人，成为当时的名医。

李时珍从小便受到良好的家庭熏陶，尤其父亲的为人处世及对事业孜孜以求的精神，对李时珍的成长影响很大。在这种环境中长大的李时珍，从小就对医药学产生了浓厚的兴趣。在很小的时候，他就随父给乡亲们看病，到山里采药。他对草木虫鱼，有强烈的兴趣。当他随父亲去山里时，父亲就会告诉他哪种植物可做草药，怎样采集。他的草药方面的知识逐渐丰富起来，兴趣也越来越浓。

李家世代为医，但这个行业当时被人瞧不起。父亲在科举考试一再失败时，就把希望寄托在儿子身上，希望他能通过科举考试，求得一官半职，以改变李家的社会地位。明世宗嘉靖十年（1531），不满14岁的李时珍考取了秀才。父亲非常高兴，鼓励他继续努力，争取考中举人。李时珍尽管聪明过人，但他对八股取士那一套并不感兴趣，乡试一再失败。

1540年，23岁的李时珍，遭受了三次科举考试落榜的打击后，终于说服父亲，告别八股，开始了医术的学习。这一决定，对于李时珍个人来说，可能意味着一生的劳苦与辛酸。从此，他走上了艰苦学习中医中药之路。

二、采方问药

李时珍为了学习中医中药，靠着两条路：一是发奋读书；一是亲自进行药物调查，拜能者为师。

李时珍的读书方法，可概括为两点：

第一，广泛涉猎。古代经史子集，凡是能弄到的医书及相关书籍，他都要看。就这样，他专心苦读十年，单就宣扬服食成仙的道教著作就读过数十种之多。从这些书中，他一方面看出道教服食成仙之说的荒谬，一方面也吸取了其中部分科学的内容，《本草纲目》的矿物类药物，就引用过这方面的成果。

第二，勤写笔记。在读书过程中，他时时“留心”，务求“有得”，而且一旦有了心得，就随时记下，绝不轻易放过。正因为他是一个有心人，故每读一书，“辄著数言”，为编撰《本草纲目》积累了资料。博学深思，边读边记，这也正是李时珍攀登科学高峰的成功经验。

李时珍不只是博览群书，还注重实践，采访四方。蕲州一带的原野和山谷，到处留下了他的足迹。山中的甘菊、苦参、紫苏、苍耳、土蜂、蟾蜍、竹鸡、野猪……使他感到“应接不暇”。1565年，为了拓展自己的知识，李时珍开始到各地游历。他到湖广一带的山谷进行过药物调查，还到过江西的庐山、江苏的茅山、南京的牛首山和紫霞洞，以及安徽、河南的名山大川。凡是药材资源丰富的崇山峻岭，他都曾去过，并采集了大批的标本。他对每一棵药草，从产地、栽培，到苗、茎、叶、根、花果以及形态、气味、功能等，都研究得非常深入。

李时珍从实践中获得的直接知识，与从书本上得来的间接知识，相互参照比较，发现古代药学书中存在不少问题：或同一药物被误为几种，或几种药物混为一谈，或主次不清，或图文不一。就连《证类本草》这部权威书籍也存在着一些错误：生姜、山药是两种菜蔬，却被列入草部；槟榔、龙眼是两种果子，都被列入木部。其他如把葳蕤、女萎两种药草并为一条使用等。何况自成书以来已有400多年，新的药物已大量发现，《证类本草》已不堪使用。其他本草书籍也有类似的错误。

• 《李时珍行医图》

最令他不能忘记的是：一天傍晚，邻村庞某跑来请他去救妻子。李时珍来到庞家，发现庞妻昏迷不省人事。李时珍仔细验看了药方，觉得没什么错处。他又检查了药渣，发现药渣中有一味“虎掌”，药方上没有；而方子上开的“漏篮子”，药渣中却没有。原来问题就出在药书上：《日华本草》上说：“漏篮子又名虎掌。”查清问题现后，他为病人解除了危险。

这件事对李时珍触动很大。回家后，他的心情久久不能平静。他想，这些问题如不加以纠正，很容易造成医疗事故，危及患者生命。于是，他立下宏愿：重修旧“本草”，纠正古代流传下来的药品、品种、产地等某些错误，补充新发现的药物。李时珍知道，这条路走起来非常艰辛，但造福后人的社会责任感使他义无反顾。而他具备的医学、药学知识，也为重修“本草”奠定基础。

三、修订本草

1552年，当李时珍35岁时，毅然结束了单纯开业行医的生涯，开始担当起重修“本草”的科学重任，一步一步地奋力向医学高峰攀登。

李时珍撰写《本草纲目》，从1552年开始，到1578年完成，共经历了27年。大体可分为两个阶段：前16年，采方问药，广泛收集资料；后11年，厘定纲目，三次修改定稿。

1552～1567年，收集资料阶段。1556年，楚王府慕李时珍之名，把他请去给世子治病。1559年，皇家下诏招揽天下名医，李时珍被楚王府推荐入太医院。在这里，他有机会出入寿药房和御药库，观察了不少难以见到的名贵药物，为重修本草扩充了药物知识。但他对太医院尊宠方士、炼丹求仙的气氛十分厌恶，一年后就托故回家了。

回家后，李时珍首先安排好家务，然后带着儿子和徒弟开始外出寻方采药。他广泛向老农、渔夫、樵夫、铃医请教，足迹遍及湖北、安徽、江西、湖南、江苏等地。万里跋涉，登过太和山、大别山、茅山、伏牛山等名山，采集了许多珍贵的药物标本，写下了数百万字的访问记录，为进一步研究整理本草积累了丰富的第一手资料。

1568～1578年，创立新体系阶段。资料是研究的基础，通过对资料的分类整理，发现规律，并上升为科学体系，才能成为人们可以接受的成果。如果说搜集资料需要繁重的体力劳动和坚韧不拔的意志，那么发现规律、建立科学体系则需要创造性思维和分析，以及概括的思维活动，即脑力劳动。

为了创立本草学的新体系，李时珍对历代有影响的本草著作一一做了分析，扬其长而避其短，纠其谬而补其缺，做到全面了解、成竹在胸。南朝医学家陶弘景所著《本草经集注》，是本草学发展的重要里程碑。此书在《神农本草经》365味药的基础上，增加了汉魏以来各家所用新药365种。它对药物进行分类，仍沿袭上、中、下三品分类法[①]，且多谬误。唐代苏恭主持修订的《唐新本草》，将药物重加分类，并附有药图。李时珍经过认真研究，认为它的错误也较多。李时珍比较器重的是宋徽宗时蜀医唐慎微编纂的《证类本草》，此书图文并茂，并有附方。此书虽有瑕疵，但李时珍仍肯定编者的功劳。李时珍的《本草纲目》正是在批判继承前人研究成果的基础上修订完成的。

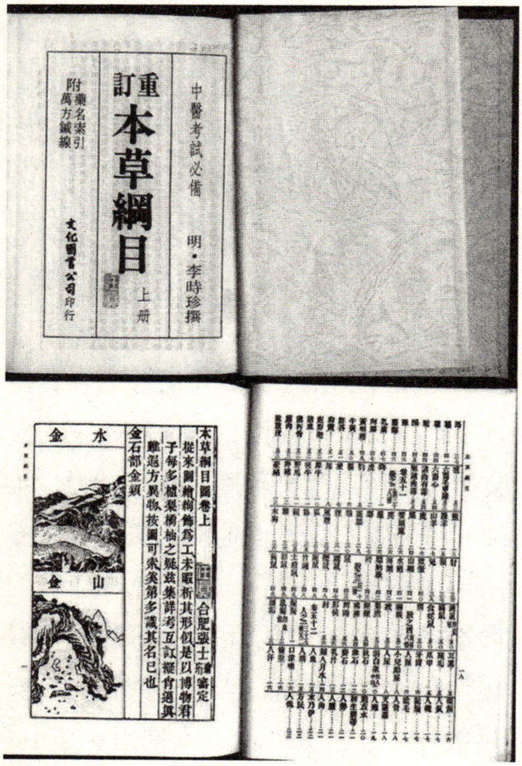

•《本草纲目》现代影印排印断句版

李时珍在《本草纲目》中，建立15部、60类分类法，废除三品分类法，只在药名下保留三品分类的历史痕迹，以利于检索旧本草。以部为纲，以事项为目，创建了药学史上新的科学体

① 三品分类法，是对秦汉时期药物知识的总结。《神农本经名例》（校点本第一册）：“上药120种为君，主养命以应天，无毒，多服、久服不伤人。”“中药120种为臣，主养性以应人，无毒有毒，斟酌其宜。”“下药125种为佐使，主治病以应地，多毒，不可久服。”

系，促进了中药研究的科学化。

在《本草纲目》中，李时珍对各种药物，按八个方面进行概括。这八个方面是：释名、集解、正误、修治、气味、主治、发明、附方。在这八大研究项目中，他用力最勤、剖析最精者在“主治”与“发明”两项。“主治”一项，大多是对药物研究的新发展，这里既有继承，又有创造，是李时珍关于理论与实践相结合、医与药相结合的重要论述。“发明”一项，更是他发表自己独到见解的方面，是多年研究心得的结晶。

金陵本《本草纲目》中配有由儿子李建元绘制的动植物药图1100多幅，其中不少图绘制得精致生动。有人称它是一部画谱。

李时珍在这11年内，反复修改分类提纲，深入研究每项药物的气味、主治、发明，精心绘制药图，“三易其稿”。他严谨的学风，求实的精神，对每项研究都一丝不苟的态度，令人赞叹。

1578年，《本草纲目》最后定稿。它以崭新的体系，展示在世人面前。《本草纲目》的完成，丰富了祖国医药学宝库，为我国药物学发展史确立了划时代的标志。

四、誉满天下

李时珍艰难奋战27个春秋，除了写成《濒湖脉学》《奇经八脉考》等重要医学著作外，最伟大、最光辉灿烂的是《本草纲目》。这时，他的最大心愿是早日将它刻印出版，发挥社会效用。可是这部190万字的巨著，一时难以找到承印商。他到过黄州，到过武昌，四处奔走，没有书商敢刻印。这部书的巨大科学价值尚未被人们所认识，没有名家的赞许与政府的支持，私人刻印此书，不管在政治上还是在经济上都要冒极大的风险。然而李时珍倾毕生心血，撰成此书，却长期积压案头，不能产生社会效益。这对于一个有社会责任心的科学家来说，是不能接受的。

1580年9月，李时珍去江苏太仓访问了著名学者王世贞①。王世贞曾在湖广任过按察使，同李时珍虽不相识，却时有耳闻。这位当时的文坛领袖，对天文、地理、文史、诗词、曲艺等都有研究。李时珍对王世贞十分尊重，把《本草纲目》献给他，请他作序。王世贞留李时珍住了几天，饮酒长谈，相处甚洽，并答应为《本草纲目》写序。

1590年，《本草纲目》终于得到南京藏书家、刻书家胡承龙的支持，开始刻印，这是李时珍多年梦寐以求的事。王世贞在序中对《本草纲目》作了很高的评价：称赞此书“博而不繁，详而有要，综核究竟，直窥渊海……实性理之精微，格物之通典，帝王之秘录，臣民之重宝也”，并称赞李时珍为“北斗以南一人”。李时珍生前能获得王世贞如此评赞，喜出望外，近30年的辛勤劳动，总算得遇知音。对于饱经沧桑、年逾古稀的李时珍，这是莫大的安慰。

《本草纲目》开刻后，李时珍就病倒了。卧病一年多未愈。1593年初秋，一代科学巨人，未及看到自己用毕生心血写成的科学巨著问世，就与世长辞了。这一年，李时珍76岁。《本草纲目》是在他去世后的1596年才印成的。

《本草纲目》的问世，很快引起世人的极大重视，印出的书供不应求，很快就再版了。1603年，金陵本出版后第七年，江西巡抚夏良心加以重刻，并改正金陵本中的一些讹误，药图也加以调整，刻印也更精致。

金陵本印行后第十一年（1607），此书传到日本，受到日本医学界的重视，不久传到朝鲜。以后陆续传到欧洲各国，被译成德文、法文、

① 王世贞（1526～1590），明代文学家、史学家。他以诗文名于世。鉴于台阁体文风不振，他提出文必西汉，诗必盛唐。又好史学，以史才自许。著述甚丰。其著作有诗文集《弇州山人四部稿》174卷、《弇州山人续稿》207卷和《艺苑卮言》12卷；史学有《弇山堂别集》100卷。松江人陈复表将其所著的各种朝野载记、秘录等汇为《弇州史料》，前集30卷，后集70卷，内容包括明代典章制度、人物传记、边疆史地、奇事逸闻等，是一部较完整的明代史料汇编。

英文等多种文本。

在日本，《本草纲目》出版不到20年，就已受到朝野一致重视。日本庆氏十二年（1607），学者林罗山（林道春）从长崎得《本草纲目》，将其献与幕府首脑德川家康。幕府首脑得此书后，异常宝贵，常置幕府座右备查，日人称之为“神君御前本”。

欧洲人真正重视《本草纲目》的科学价值，是法国学者、传教士巴多明、汤执中等向法国科学界介绍此书的全部内容之后开始的。其重要标志是1735年《中华帝国全志》的出版。这是一部全面介绍中国情况的巨著，第3卷题名《节录〈本草纲目〉》。这虽是一个法文节译本，实际上是欧洲人最初所了解的《本草纲目》的概貌。其中许多知识都令欧洲人大为惊奇。

《本草纲目》在英国学术界的影响，19世纪才显露出来。英国人把它作为博物学著作来加以研究。英国皇家学会会员韩伯里在英国《药物学杂志》上发表论文介绍《本草纲目》。达尔文对《本草纲目》十分重视，称它是“1596年出版的中国百科全书”。著名科技史家英国的李约瑟高度称赞李时珍的成就说：“李时珍达到了与伽利略—维萨里的科学活动所隔绝的任何科学家所不能达到的最高水平。”

李时珍以其杰出科学成就，长期饮誉世界，为东西方学者所尊崇。1951年，在世界和平理事会维也纳会议上，一致通过决议，尊崇李时珍为世界文化名人之一。世界爱好和平的人将永远纪念他。

莱布尼茨

——一个举世罕见的科学全才

他是一个不折不扣的全才，是十几个专业领域的一流乃至超一流专家。他的才能几乎面面俱到。无论从哪一个层次或哪一种视角观察，他都是一位智慧非凡且成就非凡的人物。他不但是一位大哲学家、大思想家，还是一位大数学家、法学家。他在医学、比较语言学、图书分类学等领域也都富有贡献。他不仅对理论研究多有创见，而且在专业技术方面也显示出超人的才华。更令人惊异的是，他还是一位富有行政与外交才能的高级政务人才。一句话，他几乎是一切方面的专家，而且远远超过一般人所理解的专家水准。普鲁士的腓特烈大帝不无夸张地说："他本人就是一所科学院。"

他的成功在于呕心沥血地工作，善于吸收他人的思想，以及高度自信。无论何时，只要抓住一个新课题，他就查阅所能找到的与此有关的一切材料，但他并不被材料或传统观点所局限。在研究中，他有一种强烈的竞争欲望，渴望在"各个领域都出人头地"；他有一股不怕失败的顽强风格，唯其如此，他认准的目标很少失败。他就是德国近代哲学家、杰出的数学家、数理逻辑的创始人莱布尼茨。

一、天才起步

1646年7月1日，哥特弗里德·威廉·冯·莱布尼茨（Gottfried Wilhelm von Leibniz，1646～1716）出生于德国莱比锡一个书香之家。父亲是莱比锡大学的道德哲学教授，母亲出身于教授家庭，虔信路德新教。在这样的家庭里，莱布尼茨耳濡目染，从小就十分好学，并有极高的天赋。不幸的是，父亲在他6岁时去世，但留下了大批藏书。

很难想象，一个几岁的孩子，如何能读懂那些艰深晦涩的拉丁文、希腊文著作，又是如何坚持不懈地去读这些枯燥乏味的内容。通过广泛接触古希腊罗马文化，阅读著名学者的著作，莱布尼茨获得了坚实的文化功底和明确的学术目标。

8岁时，莱布尼茨进入尼古拉学校，学习修辞学、算术、逻辑、音乐以及《圣经》、路德教义等。他还系统地学习了德国文学、德国历史。在他13岁时，不顾老师的劝阻，向哲学大师亚里士多德提出质疑，试图改进其范畴理论。这是多么勇敢的一种举动！

1661年，15岁的莱布尼茨进入莱比锡大学学习法律，一进校便跟着大学二年级学习人文学科的课程，他还抓紧时间学习哲学和科学，包括培根、开普勒、伽利略等人的著作，并对他们的著述进行深入的思考和评价。在听了关于欧几里得《几何原本》的课程后，他对数学产生了浓厚的兴趣。1663年5月，他以《论个体原则方面的形而上学争论》一文获学士学位。

1664年1月，莱布尼茨完成了论文《论法学之艰难》，获哲学硕士学位。第二年，他向莱比锡大学提交了博士论文《论身份》，学习审查委员会以他太年轻为由，拒绝授予他法学博士学位。莱布尼茨愤然离开莱比锡，前往纽伦堡附近的阿尔特道夫大学。1667年2月，阿尔特道夫大学授予他法学博士学位，还聘请他在该校任教。然而，莱布尼茨却谢绝了学校的聘请。因为在他看来，一个青年人不应该把自己最富有价值的生命消耗在与世隔绝的学院里，特别是把自己束缚在毫无实际价值的经院式学术上。

就在这一年，莱布尼茨发表了第一篇数学论文《论组合的艺术》。该文的基本思想是想把理论的真理性论证归结于一种计算。这篇论文虽不够成熟，但却闪耀着创新思想和数学才华，由此开启了他对数理逻辑的研究，最终使他成为数理逻辑的创始人。

离开学院后，莱布尼茨本打算到“荷兰和国外”去看看世界，却通过一个炼金术士团体，认识了博因堡男爵。莱布尼茨渊博的知识，以及在处理公众事务方面的卓越能力给男爵留下了深刻的印象。经他推荐，莱布尼茨在选帝侯梅因茨大主教属下担任了法律顾问的助手，后来被提到上诉法院陪审法官的位置上。

在这一独特的文化圈中，莱布尼茨的思想渐趋成熟。他很快对法学有了较深的研究，希望通过少数基本法律概念来推演定义所有的法律概念。1667年，他发表了《法学研究和讲授的方法》，渴望把一切知识都囊括在一部著作中。1670年，他为博因堡男爵的大量藏书编制了一个目录，显示出他罕见的智慧。

在政治问题上，莱布尼茨也颇有研究。当时德国为30年战争所累，而法国正处于路易十四统治的极盛时期。气势汹汹的法国对德国构成威胁。莱布尼茨不时地提出一些遏制法国的想法，小到以西印度产的廉价朗姆酒去切断法国白兰地的销路，大到建议路易十四出征埃及攻打异教的土耳其人的诱人方案，以分散路易十四对北欧的注意力。他的方案受到重视，于是莱布尼茨被派往巴黎从事外交活动。

二、在巴黎的日子

1672年春，莱布尼茨身负特殊的政治使命来到巴黎。他一方面等待时机进入政界实施他的政治目的，另一方面着手进入知识界。他很快就结识了许多朋友，包括哲学家马勒伯朗士、数学家惠更斯[①]。通过与他们的交往，他设法接触到帕斯卡[②]和笛卡尔未发表的著作。

不过，在这个时期，莱布尼茨的主要兴趣是在数学上，特别是在惠更斯的指导下，在数学上做出了划时代的贡献：创立微积分学。微分学可用于计算行星运行的轨道，描绘摆、波浪或颤动着的弦的运动，求出用别的方法解不了的方程，确定函数的极大和极小值等。积分是微分的逆运算，它可以从一个点的变化比率出发，重建一条完整的线；从一条线的变化比率出发，重建一个它所限定的面；从一个面出发，就能指定出由旋转这个面所创造出来的体。

莱布尼茨比较完整地建立了微积分的法则和公式体系，他又煞费苦心创造出一套方便的微积分符号，如微分符号d和积分符号∫，这些符号至今仍在使用。微积分是变量数学，它把运动引入数学，是数学中的一次革命，在近代和现代科学技术园地里建立了丰功伟绩。[③]

莱布尼茨在巴黎时期的第二个伟大功绩，就是发明二进制算法，虽然他并不是发明这种算法的第一人。二进位制系统是最简便的可能的数字记数法。我们通常用的十进位制系统中每个位数（个位、十位、百位

① 克里斯蒂安·惠更斯（Christiaan Huygens，1629～1695），荷兰物理学家、天文学家、数学家，是介于伽利略与牛顿之间一位重要的物理学先驱。

② 帕斯卡（Blaise Pascal，1623～1662），法国著名数学家、物理学家和哲学家。在物理学上，他首次提出“帕斯卡定律”：加在密闭流体任一部分的压强，必然按照其原来的大小由流体向各个方向传递。后人为纪念帕斯卡，用他的名字来命名压强的单位，简称“帕”。

③ 以前，微分和积分是作为两种数学运算分别加以研究的。卡瓦列里、巴罗、沃利斯等人都是它的先驱。只有莱布尼茨和牛顿将微积分真正沟通起来，明确地找到了两者的内在联系：微分和积分是互逆的两种运算。这是微积分建立的关键。关于微积分创立的优先权，在数学史上曾掀起过一场激烈的争论。实际上，牛顿在微积分方面的研究虽早于莱布尼茨，但莱布尼茨成果的发表则早于牛顿。现在人们公认，牛顿从物理学出发，莱布尼茨则从几何问题出发，各自独立地引进微积分概念并创立微积分学。莱布尼茨认识到，好的数学符号能节省思维劳动，运用符号的技巧是数学成功的关键之一。因此，他所创立的微积分符号远优于牛顿，这对微积分的发展有极大影响。

等）都有十个符号可供选择，在二进位制系统中就只有两个符号，一个表示空位，另一个则标志实位。如果约定用0表示空位，用1表示实位，那么一切数字都可以用这两个符号来表示。

莱布尼茨第三个值得自豪的是他发明的机械计算器。早在1642年，帕斯卡发明了加法计算器。莱布尼茨改进后的计算器，不仅能进行加、减法演算，而且能完成乘法、除法、自乘以及开平方和立方运算。1673年，莱布尼茨到英国皇家协会做了一次拜访，把随身携带的计算器给他们看，引起了皇家协会的极大兴趣。计算器的发明，提高了会计、管理、测量、科学研究以及数学运算的精度和速度，减轻了人们的劳动，其潜在意义比我们所能看到的意义更大。

这一时期，莱布尼茨还有许多其他设想和发明：一种在双马串联的马车中工作的带有两个对称摆轮的表，一种不用罗盘就能测定船只位置的装置，一种从单一的观察点出发就能确定物体距离的方法，一种用来推动车辆或抛射体的空气压缩机，一种能在水下航行以逃避敌人侦察的船只，一种无液气压表等。

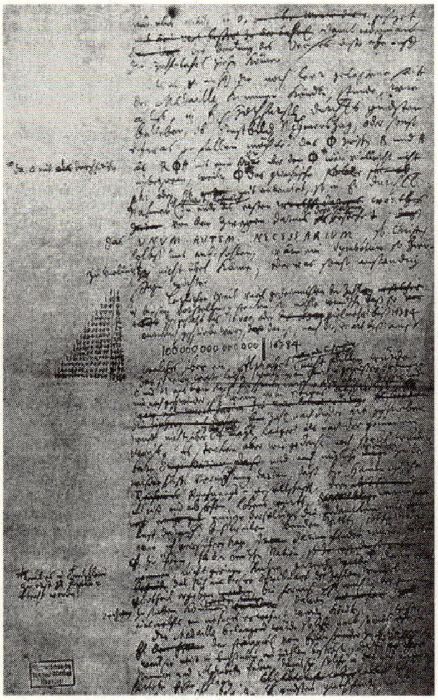
UNVM AUTEM NECESSARIUM

• 莱布尼茨关于二进制的手稿

• 莱布尼茨计算器

莱布尼茨的主要支持者博因堡去世后，不得不考虑前途问题。他曾多次谋求巴黎科学院的研究职位，但均未成功。1676年1月，他接受了德国汉诺威法院顾问的职务，10月离开巴黎，绕道伦敦和荷兰。在阿姆斯特丹，他结识了列文虎克；在海牙，他见到了斯宾诺莎，两人进行了热烈的讨论，还阅读了斯宾诺莎的《伦理学》手稿。

三、定居汉诺威

1676年，莱布尼茨到汉诺威任新职。他除担任法院顾问职务外，还兼任图书馆馆长、政治顾问、国际通信者以及逐渐增多的技术顾问等职。作为图书馆馆长，他提出许多卓越的图书馆学思想。他认为，图书馆是人类的“百科全书”“人类灵魂的宝库”，衡量一个图书馆的工作，不是看藏书的数量、善本的装帧，而是要看所藏的书是否精，是否新，是否均衡。他第一次比较全面、明确地指出近代学术参考图书馆的重要性。他还建议在各国科学院设置的图书馆基础上，建立联系全世界的图书馆网。他重视分类目录，曾编制过两种分类法，充分显示出他在图书馆学领域中的才能。

莱布尼茨还研究了哈兹矿山的抽水问题，决定利用风力进行抽水。他把大半的时间花在矿山上，进行考察、测量、研究，显出实干家的特点。他设计了各种各样的风车、传动装置和抽水机。他看到矿工的辛苦，提出许多非常有意义的设想，比如用水力来代替矿井小火车头运输矿石，甚至还有改进铸铁和炼钢的方法。他还提出分离化学制品和使水脱盐的技术。

尽管莱布尼茨的研究由于政府行政官员和技术官员的阻挠而流产，但他的发明创造在历史上仍然留下极大的影响。比如修造运河、内河航运、海勒豪森王宫花园中的喷泉、亚麻布和瓷器的生产、烟囱废热的利用，甚至包括金融政策、税收改革、贸易均衡以及老式目标保险机构这类社会政治问题都在他研究之列。

这些研究占去莱布尼茨很多时间，但对他来说，广泛地接触了社会、科学和技术，这对一个即将从事哲学研究的人来说，是一段关键的酝酿期，他要使自己科学上的发现、认识、理论升华为关于世界的总的看法，即哲学的认识。

1686年，莱布尼茨受聘为布伦瑞克家族编纂家族史，他几乎详尽地研究了当地有价值的档案材料。1687年11月，莱布尼茨离开汉诺威，于1688年5月抵达维也纳。他除了要查找档案外，大量时间用于结识学者和各界名流。他还拜见了奥地利皇帝利奥波德一世，为皇帝勾画出一系列经济、科学规划，这给皇帝留下了深刻印象。随后，他前往威尼斯，然后抵达罗马。在罗马，他被选为罗马科学与数学科学院院士。1690年，莱布尼茨回到汉诺威。由于撰写布伦瑞克家族历史的功绩，他获得了枢密顾问官的职务。

四、科学全才

莱布尼茨声誉日隆，在世纪之交，他把自己的热情投入到科学院的建设之中，美因茨、汉诺威和华沙都在他的计划之列，不过他的主要精力放在柏林、德累斯顿、维也纳和彼得堡的具体建设上。从1695年起，他就一直为在柏林建立科学院而四处游说。1698年，他首次前往柏林。1700年，在他第二次访问柏林时，选帝侯弗里德里希对这项计划给予了决定性的支持。

几年后，莱布尼茨在维也纳也获得了意外的成功。1712年初，维也纳的皇帝给他以帝国顾问的职位，而且任命他为正在筹建的科学院的指导。1711～1716年间，当俄罗斯的彼得大帝三次抵欧进行目的不同的旅行时，每次他都设法拜见。他力图使彼得大帝相信，建立一个科学院是有价值的。但是直到死，他所作的努力也未见成效。

除极力鼓动科学院的建立外，莱布尼茨认为，通过引进丝织品的生产，德国的经济就可能振兴。他亲自在院子里试验。1703年，他拿到在柏林和德累斯顿生产丝织品的许可证。他还为柏林提出过一些别的建议，比如建立一个公共卫生系统、一个火警服务系统、一个地面排水计划以及蒸汽喷泉。他还被邀请指导一个新的宫殿和花园的设计，提出在维也纳修建路灯、修建一个国家银行及一个瘟疫患者的隔离病房。他还改进了制图法和测量法，提出过关于多瑙河的河流管理计划，以及限制谷物贸易和从事亚麻生产等。

莱布尼茨在从事繁杂的科学技术事务的同时，仍然对哲学给予极大的关注。这段时间他撰写了一部巨著《人类理智新论》。这是他与洛克的《人类理智论》进行逐章逐节辩论的著作，涉及很多方面，莱布尼茨的全部哲学观点以及他对于许多门科学地观点都在书中有不同程度地体现。

• 《人类理智新论》

1714年后，莱布尼茨步入晚年。他已年近70，精力大不如前。不过他依然与一些著名人物通信，他的某些重要哲学通信就是在这个时期完成的。

1716年11月14日，在中风和腹绞痛卧床一周后，莱布尼茨平静地死去。人们把他埋葬在诺伊斯塔特教堂里。

五、哲学思想

莱布尼茨最有名的哲学理论便是“单子论”。他认为，单子是没有广延、没有部分、单纯的不可分的实体。“单子没有可供事物出入的窗子，不论实体或偶性都不能从外面进入一个单子”，因此，各个单子不能相互作用或相互影响。单子没有量上的差别，但有质的差别，“每个单子必须与任何一个别的单子不同”，单子本身的变化来自于内在的原则。因此，单子虽然是实体，但却不具有传统实体的特性。

单子构成了现实的事物，它们与灵魂相似，具有不同等级的知觉。最低一级的只有“微知觉”；高一点的则具有比较清晰的知觉且有记忆；再高级的不但具有意识，而且有理性和精神。最低级的就是无生命的东西，高一级的是动物，再高一级的是人，比人更高级的是上帝。上帝是创造一切单子的单子，是全能、全知、全善的。全部单子构成连续的整体，中间并无空隙。

但是，由于莱布尼茨的单子具有独立性、不可渗入性，因此单子构成的实体之间没有因果关系。那么它们如何在现实的世界里和谐相处，这个世界为什么并没有混乱？对此，莱布尼茨提出了他的第二个重要理论——“前定和谐”。他认为，上帝在创造一个单子的时候，就已经预见到所有的情况，因此预先就已经安排好了一切。每个单子就像钟表一样准时，按照既定的路线发展并与其他单子保持完整一致。整个宇宙也因此恰如一个乐队，每一乐器都按照事先谱就的曲谱演奏，整个乐队所奏出的就是一首完整和谐的乐曲。

在《人类理智新论》中，莱布尼茨通过与洛克针锋相对的论述，并在对洛克的反驳中发挥了自己的认识论思想。

第一个问题是人的心灵究竟是“白板”，还是具有某些“天赋观念”或“天赋原则”。洛克主张心灵原是一块“白板”。而莱布尼茨则认为，既然“单子”没有“窗子”可供出入，观念也不可能从外面通过感官得来，因而一切观念都是心灵固有或天赋的。他把心灵比作“一块有纹路的大理石”。

第二个问题是“究竟是一切真理都依赖经验，亦即归纳与例证，还是有别的基础”。洛克明确肯定：“我们的全部知识是建立在经验上面的，知识归根到底都是导源于经验的。”莱布尼茨则认为：“像我们在纯粹数学中，特别是在算术和几何学中所见到的那种必然真理一样，应该有一些原则不靠举例便可以得到证明，也不依靠感觉的见证。”他认为不仅是纯粹数学，还有逻辑、形而上学乃至神学法理学，也都充满着这种“必然真理”，它们的证明不靠经验，而“只能来自天赋的内在原则”。

鉴于此，莱布尼茨认为有两种真理：一是以“充足理由原则”为基础的真理，二是以“矛盾原则”为基础而不依靠经验事实的“推理的真理”。推理真理是必然的，而事实真理是偶然的。他说：“我们的推理是建立在两个大原则上，即：矛盾原则，凭着这个原则，我们判定包含矛盾者为假，与假的相对立或相矛盾者为真；充足理由原则，凭着这个原则，我们认为，任何一件事如果是真实的或实在的，任何一个陈述如果是真的，就必须有一个为什么这样而不那样的充足理由。”

莱布尼茨的学说被其弟子沃尔夫所发展，形成了莱布尼茨—沃尔夫体系，这极大地影响了德国哲学的发展，尤其是影响了康德的哲学思想。他开创的德国自然哲学经过沃尔夫、康德、歌德到黑格尔，得到了长足的发展。

欧 拉

——一个被誉为“数学家中的英雄”的人

在数学及许多分支中都可以见到以他的名字命名的常数、公式和定理。他不但为数学做出贡献，更把数学推至几乎整个物理学的各个领域。他还是数学史上最多产的数学家，一生写了886种书籍、论文，平均每年要写800多页；彼得堡科学院为了整理他的著作，足足花了47年。他的著作《无穷小分析引论》《微分学》《积分学》是18世纪欧洲标准的微积分教科书。他还创造了一批数学符号，使得数学更容易表述和推广。他在28岁时右眼失明，花甲之年，双目失明。在这样的情况下，他仍然通过口授，由儿子记录，发表了400多篇论文，并有多部专著出版。他的一生给人以启迪：即便是天才，也要有毅力和勤奋，才能获得过人的成就。他就是瑞士数学家、物理学家欧拉。

一、天才的成长

1707年4月15日，列昂纳德·欧拉（Leonhard Euler，1707～1783）生于瑞士北部巴塞尔城一个加尔文教派的牧师家庭。第二年，小欧拉跟随双亲迁到附近的雷欣村居住。父亲对数学颇为在行，曾是著名大数学家雅各布·伯努利的高才生。可他并不想从事数学工作，还想要儿子长大后和自己一样，在乡村教堂当牧师。

小欧拉曾在一个教会学校里读书。一次，他问老师，天上有多少星星。老师回答说：“天上有多少颗星星，这无关紧要，只要知道天上的星星是上帝镶嵌上去的就够了。”这使欧拉感到奇怪：“天那么大，那么高，没有扶梯，上帝是怎么把星星镶嵌上去的呢？上帝既然能把星星镶到天幕，又为何忘记了星星的数目呢？”老师认为欧拉敢于对上帝发出疑问，简直是大逆不道。就这样，小欧拉被开除了。

回到家里，欧拉就帮父亲放羊。羊群渐渐增多，达到了100只。父亲决定建造一个大一点的羊圈，长40米，宽15米，面积正好是600平米，每一头羊占地6平米。但在他正要动工时，发现材料只够围100米的篱笆。他感到为难。小欧拉对父亲说，他有办法。小欧拉将原来的40米边长缩短到25米，将另一边增加到25米。这样一改，原计划中的羊圈变成一个边长为25米的正方形。这样一来，篱笆和面积也够了。父亲非常高兴，感到让这么聪明的孩子放羊实在可惜。

尽管如此，父亲让儿子继承自己事业的想法始终未变。他经常对儿子灌输宗教思想，但是当他讲到高兴时，就会抛开天国和上帝，津津有味地讲起自然数和三角形来。他把数学讲得绘声绘色、妙趣横生，完全将小欧拉迷住了。热爱数学的种子就这样悄悄地埋在了孩子的心中。

中学毕业后，欧拉顺着父亲的意愿，进入巴塞尔大学学习神学和希伯来语。不过，他经常去听约翰·伯努利①的课。有一次，伯努利在讲课中无意间提到一个当时的数学家们还没有解决的大难题。谁知下课铃声一响，欧拉便交给他一份答案。伯努利看后，几乎不敢相信自己的眼睛，构思之精巧和大胆使伯努利清楚地意识到，站在自己面前的这个瘦

---

① 约翰·伯努利（Johann Bernoulli，1667～1748），是伯努利家族中众多杰出人物之一，数学家。他的数学成果很多，如解决悬链线问题，提出洛必达法则、最速降线、测地线问题，给出求积分的变量替换法，研究弦振动问题，出版《积分学教程》（1742）等。他的另一大功绩是培养了一大批包括欧拉在内的出色的数学家。

小男孩，将是未来的数学巨人。这个意外发现使伯努利非常兴奋，他当即决定每星期在家单独为欧拉授课，帮助这个孩子尽快成长。

果然，在名师的精心指导下，欧拉的进步神速。他的勤奋和才能也深深地吸引了伯努利的儿子丹尼尔·伯努利和尼科拉斯·伯努利，他们从此成为终生好友。

欧拉在15岁时获巴塞尔大学的学士学位，17岁又获硕士学位。父亲要他放弃数学，把全部精力都放在神学上。欧拉虽然打心底里不愿意，但他不想公然违抗父亲的意志。正在他感到左右为难的时候，伯努利父子赶过来，劝他父亲放弃原先的决定，并郑重地说，这是“为了孩子”，也是“为了数学”。

深孚众望的伯努利教授的一席话使父亲改变了初衷。从此，欧拉再也不用等到父亲熟睡后才去做他的计算，也不用再在数学书外面套上一层《圣经》的书皮来逃避父亲的注意。他像出笼的苍鹰，冲向自由的蓝天，从古希腊的经典著作到牛顿的《自然哲学的数学原理》，恨不得一下子把它们全都吞下。

二、在圣彼得堡科学院

1727年，在朋友的怂恿下，欧拉向巴塞尔大学申请教授职位。可惜他的资历太浅，虽经约翰·伯努利的极力推荐，但还是被校方拒绝了。后经丹尼尔·伯努利的推荐，欧拉收到去圣彼得堡科学院医学部的邀请。可是当他到达圣彼得堡后，正碰上开明的俄国女皇叶卡捷琳娜一世猝然去世。俄国新统治者们把科学看成是可有可无的奢侈品，正在考虑是否要取消它，遣返所有的外国成员。后经丹尼尔·伯努利再三交涉，沙皇政府终于同意欧拉去科学院工作了。

在这以后，情况逐渐有所好转，欧拉也就安定下来专心投入工作。在26岁时，他登上了圣彼得堡科学院的主要教学位置。欧拉觉得他终生都要待在圣彼得堡了，于是决定结婚。夫人叫凯塞琳娜，是画师格塞尔的女儿，温柔贤淑，持家有方。婚后生活恩爱美满，小生命一个接一个出世。欧拉常常是一边抱着婴儿，一边写论文，稍大一点的孩子则在他周围嬉戏。每到晚上，孩子们围坐成一圈，由欧拉布置和检查他们的作业，解答他们的问题。

就在子女绕膝、笑闹之声不绝的环境中，在沙皇恐怖统治的阴影下，一篇篇论文源源不断地从欧拉的手中写出。尤其是他创造了现代数学语言，这更使他的作品受到广泛的欢迎。今天我们常用的许多数学符号，如用∑表示求和，用i表示−1的开方，用$f(x)$表示函数，用sin、cos、tg表示正弦、余弦和正切以及用a、b、c表示三角形的边，用A、B、C表示它们的对角等，都是欧拉首创的。

1736年，欧拉在圣彼得堡已经度过了十个春秋。一天，吃完午饭，欧拉拿起刚刚送到的信件阅读起来。一封从柯尼斯堡的来信引起了欧拉的特别兴趣。柯尼斯堡坐落在美丽的普雷格尔河畔，河里有两个小岛，从两岸分别有三座桥和它们相连，同时又有一座小桥把两个小岛连接起来。来信提出一个有趣的问题：一个散步的人能不能一次走完七座桥，且每座桥只能走一次？

这个问题显然不是我们所熟悉的代数问题，和平面几何也不相同。在柯尼斯堡七桥的问题中，桥的准确位置无关紧要，陆地的大小和形状也不需要考虑，重要的是考虑一共有几块陆地、几座桥以及它们的连接情况如何。根据这个特点，欧拉先把柯尼斯堡七桥画成一个线条图，在他的图形里，小岛和河岸都变成了点，桥则成了连接这些点的线。这样，问题就被简化为：从图上某一点开始，中间任何一条线不得重复画两遍，能不能把这张图一笔画出来？经过一番思索，欧拉终于找到一个漂亮的答案。

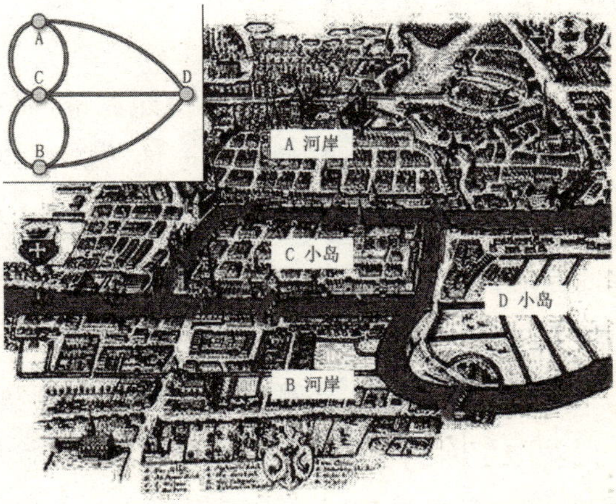

• 通过对柯尼斯堡七桥问题的研究，欧拉建立了一个全新的数学领域

由此，欧拉发现了一个只需要考虑位置的关系和性质的全新的数学领域——拓扑学。

正当这位从巴塞尔城来的年轻数学家以神话般的速度在数学的各个领域里一篇接一篇地发表他的独具匠心的论文时，他遇到了一生中的第一次重大挫折——他的右眼失明了。

但欧拉并没有停下来，他以更顽强的意志，去攻克更强大的堡垒——天文学中彗星轨道的计算。没有计算机的帮助，要想得到比较精确的结果，即使是一位极具才能的数学家，一般也要花费几个月的辛勤劳动。为了吸引更多科学家的兴趣，1739年，法国巴黎科学院特别为这一课题设置了巨额奖金，征求解答。欧拉决心赢得这次大奖。他对通常的方法进行了重大的改进。他在书房中着迷似的干了起来，饿了就啃几口面包，困了就靠在椅背上打一个盹儿。就这样，等他计算出彗星的运行轨道的时候，已经整整过去了三天。欧拉的眼睛里布满了血丝，头昏沉沉的，身体疲惫不堪。

在欧拉留居俄国期间，除数学外，欧拉还为俄国学校编写初等数学教科书，监督政府的地质部门，帮助改革度量衡，设计检验税率的有效方法……

三、在柏林科学院

1740年，普鲁士国王腓特烈大帝（1712～1786）在柏林登基。此人身材矮小，可野心勃勃，他要使普鲁士在各个方面都雄踞欧洲之首。当腓特烈大帝听到欧拉在俄国生活非常苦闷的消息后，立即向他发出盛情的邀请函，请他到柏林科学院来主持工作，并兼任迪莎公主的私人教师。

此时的俄国，安娜女皇去世，政府变得较为开明，但欧拉已经厌倦了这里的生活，于是高兴地接受了腓特烈大帝的邀请。但当腓特烈大帝见到一身便装的欧拉时，心里很不高兴，随意敷衍了几句，就离开了。

不过欧拉并不在意，他的心早已被一大堆数学问题所占据。他一直在考虑，如何对17世纪最伟大的发明微积分作系列介绍。因为自牛顿和莱布尼茨建立起微积分以来，它已经显示出无比的威力，可是从逻辑基础到实际应用还有大量问题有待解决，而为了让更多的人掌握分析的武器，还需要扫除从初等代数过渡到微积分的重重障碍。欧拉决心肩负起这项艰巨而有意义的任务。不久，闻名遐迩的杰作《无穷小分析引论》和《微分学原理》先后问世，连同他后来在彼得堡出版的《积分学原理》，都是分析学中里程碑式的经典著作，为鼓舞和造就一批批有才华的青年成为伟大的数学家建立了不朽的业绩，而他在分析学中所表现出的高深造诣和超凡技巧，立刻让他赢得了“分析学的化身”之美誉。

欧拉关于数论的大部分工作也是在柏林完成的，特别是在1745年前后，他发现了18世纪数论中最重要的定理——二次互反律，这是一项极其了不起的成就。后来的数学家们为探求它的含义引申出大量极有价值的成果。

在约翰·伯努利的建议下，欧拉在1728年开始涉足这个十分艰难的领域。他从研究曲面（主要是地球）上的测地线问题着手：也就是连接曲面上的两点，什么样的曲线距离最短？欧拉很快就找到了答案。接着，他又致力于寻找解决这类问题的更简便的方法。经过前后16年的不懈努力，他终于获得成功。论证过程十分复杂，但最后的结果却简单而优美，具有广泛的应用价值。

• 德国柏林欧拉故居

1744年，欧拉的《寻求具有某种极大或极小性质的曲线的技巧》一书在柏林正式出版。这部杰作立刻使他被公认为当时最伟大的数学家。随着这本书的出版，变分法作为一个新的数学分支诞生了。

为了给迪莎公主当私人教师，欧拉不得不每天从宝贵的时间里挤出两三个小时花在这位骄傲的公主身上。欧拉不甘心让她独享美果，就把丰富多彩的授课内容用信的形式公开发表。他那优美流畅的文笔使人们吃惊地发现，欧拉还有着极高的文学才能。著名的《致德国公主的信》先后用七种文字翻译出版，成为风靡一时的畅销书。

欧拉还为普鲁士政府解决了诸如铸币、城市水道、运河、保险金和养老金制度等一系列重大问题。在柏林的25年中，他的研究内容涉及行星运动、刚体运动、热力学、弹道学、人口学等诸多方面，特别是在微分方程、曲面微分几何以及其他数学领域的研究都是开创性的。由于他的卓越领导，使濒临绝境的柏林科学院重获新生，一跃成为欧洲最有影响的科学院之一。

虽然腓特烈以科学的保护人自居，可是他并不懂数学，也不喜欢数学，更看不上不卑不亢、直言不讳的欧拉，他甚至公然奚落欧拉是“独眼龙”。他要物色一位仪表堂堂并能应付各种场面的人来领导科学院，决定邀请法国物理学家、数学家、天文学家达朗贝尔来接替这个位子。

虽然达朗贝尔和欧拉在学术上存有芥蒂，但他不是一个让个人喜好影响自己判断的人，他告诉腓特烈，把任何其他人置于欧拉之上都是一种不当行为。

四、重返圣彼得堡

1762年，叶卡捷琳娜二世（1729～1796）继位，俄国科学家的工作条件有了相当大的改善，她热情地邀请欧拉重返圣彼得堡。欧拉很清楚，自己的身体已经经不起圣彼得堡严寒的侵袭。不过他还是决定要去，柏林的气氛已经使他无法容忍。

1766年，59岁的欧拉拖着虚弱的病体，偕同多病的妻子和一大群子女，长途跋涉，来到冰雪覆盖、寒风呼啸的圣彼得堡。

欧拉在圣彼得堡受到隆重的欢迎，女王用王室成员的规格礼遇这位大数学家。她专门为他配备了一幢雅致而舒适的住宅，里面配有全新的家具，配备了八名仆役，还委派一名御厨来管理膳食。

欧拉迫不及待地投入了工作。可是，好景不长，北方刺骨的严寒和紧张的工作使他左眼的视力迅速恶化。这时他应该放下工作，安心休养才是。可是欧拉知道，如果失去他自己所钟爱的计算，那么活着就没有意义。他决心加倍努力，以回应命运的挑战。不久，欧拉余下的一只眼睛开始失明，他成为了盲人。

欧拉决定由自己口述，让大儿子阿尔伯特笔录。后来大儿子支持不住了，就由大女儿接着记。这位双目失明的老人凭着超乎寻常的意志和毅力，再一次创造出奇迹：除厚厚的三卷《积分学原理》以及《船舶制造和结构全论》等重要著作外，他还用每年800页的惊人速度发表了近400篇具有独特见解的论文。今天，当我们手捧他的光辉论著，欣赏着那丝丝入扣的深刻分析和精巧计算时，谁会想到它们的作者竟是一位双目失明的老人呢！

双目失明仅仅是灾难的开始，不幸接二连三地向欧拉袭来。欧拉回到圣彼得堡5年后，即1771年的夏天，一间民房不慎起火，牵连到他的整个住宅被火舌吞没。在这千钧一发之际，跟随欧拉多年的瑞士仆人彼得·克莱姆冲进屋去，把他救起。然而，图书馆倒了，整个住宅和全部家产随着冲天的火光付之一炬，唯一幸存的是欧拉几千页尚未出版的手稿。

1776年，欧拉70岁时，他又遭受了更大的打击。他痛失了朝夕相处、患难与共的妻子凯塞琳娜。40多年以来，凯塞琳娜不仅是欧拉生活中的伴侣，也是他事业上不可缺少的助手。若不是凯塞琳娜的辛勤劳作，很难想象拥有一个庞大家庭的欧拉能够完成如此多的工作。凯塞琳娜的去世对欧拉的打击太大了，在随后一年多的时间里，他一直沉浸在痛苦之中。

欧拉凭借威力无比的分析武器，以磅礴的气势向数学的各个领域发起猛攻，夺得了一个又一个令人惊羡的成果。他的研究足迹遍及当时科学的一切领域，范围之广阔，内容之深刻，以至于要写出他的全部发明需要好几页篇幅，而他所提出的创见至今仍然有待于我们研究。数学王子高斯指出：“研究欧拉的著作始终是各个数学领域里最好的学校，没

• 2007年瑞士发行的邮票，纪念欧拉诞辰300周年

有任何别的可以代替它。”拉普拉斯也满怀敬意地说：“读读欧拉，他是我们大家的老师。”

1783年9月18日，像往常一样，欧拉和家人有说有笑地共进了午餐。之后，他一边喝茶，一边逗孩子们玩耍。突然，他感到一阵晕眩，烟斗从手中滑落。他只轻轻说出一句“我要死了”，这位一生奋斗不息，为数学无畏地献出双目的老人，终于“停止了计算，也停止了生命”。

海 顿

——一位被誉为“交响乐和弦乐四重奏之父”的音乐大师

伟大的音乐家往往天纵其才，却不佑天年。莫扎特、舒伯特、门德尔松、肖邦等皆是如此，但海顿却不在此列。直到不惑之年，他的作品才被世人所认识，63岁时被公认为当时最伟大的作曲家。美国《纽约时报》音乐专栏的著名评论家哈罗尔德·勋伯格曾写：“如果像莫扎特一样早夭，海顿就不会被今天的人们所了解。海顿的成长缓慢而平直。他幼年时极有音乐天赋，但还称不上神童，他也从来不像莫扎特或门德尔松那样落笔成章。他在作曲时从不是一个快手，而是小心翼翼、竭心尽力，一步一个脚印。”海顿就是这样一位伟大的音乐家，他一生的轨迹清晰而稳定，自始至终兢兢业业，充满自信。他被后人誉为“交响乐和弦乐四重奏之父”，与莫扎特、贝多芬一起并称为古典主义音乐的最杰出代表。

一、少年歌手

1732年3月31日，约瑟夫·海顿（Joseph Haydn，1732～1809）出生于奥地利东部莱塔河边的罗劳村。父亲马提亚斯·海顿是一个轮胎匠，与厨师玛丽亚·考勒结婚后，共生下了12个孩子，但只有6个活了下来。马提亚斯除了替人修车补胎，还务农酿酒，在乡里很受尊敬。从1741年开始，他被乡人拥戴为地方秩序官，管理乡民风纪，维持社区安全，以及当地诸如修桥修路之类的建设维修。他是一个生性快乐的人，虽说不识谱，在闲暇之际，却总喜欢弹竖琴，和孩子们一起哼唱民谣。这给孩子们留下了深刻的印象，马提亚斯的6个孩子中，有3位长大后成为音乐家。海顿更是从5岁起就开始童声伴唱，他毫不费力地学会了父亲的所有曲子。一年后，他清亮的歌喉和出众的音乐天赋引起了来家中做客的亲戚约翰·马提亚斯·法兰克的注意。法兰克是离罗劳村几公里之外的海因堡学校的校长，还兼任教区教堂合唱团的指挥。他自告奋勇，愿意亲自来培养海顿，让孩子受到更好的音乐教育。于是，海顿就这样离开了父母，开始了他漫长的音乐生涯。

在法兰克调教下，海顿除了接受普通的学校课程教育，还参加了教堂的合唱，并开始学习小提琴和键盘乐器课。6岁的孩子远离父母，寄人篱下的日子相当辛苦，他不但衣衫不整，甚至挨的打比吃的饭还多。但这一段日子对海顿影响极大，他不但参与了当地所有的音乐活动，而且音乐天赋也展露无遗。当时，当地乐队的鼓手刚刚去世，乐队出现空缺，而复活节游行急需鼓手，于是小海顿被委以重任。可是当时海顿实在过于矮小瘦弱，根本无法肩负着大鼓一边行走一边演奏，无奈之下，人们只得把大鼓绑在了一头骡子的背上。

1740年，著名的维也纳圣斯蒂芬大教堂童声合唱团招募新成员。乐团指挥早就听说海顿之名，一见之后，果然为他的歌声所动，欣然将8岁的海顿带到了哈布斯堡帝国的首都维也纳。此时的维也纳虽说还没有具备日后音乐之都的规模，但是当时帝国的女皇帝玛丽亚·特蕾莎十分热爱音乐，常常亲自与自己的孩子们一起演奏，举行皇宫室内音乐会。如此上行下效，帝国境内的音乐气氛相当浓厚。

作为圣斯蒂芬教堂的歌手，海顿的嗓子显得相当出众。他常常演唱女高音，深受观众欢迎，也得到了许多独唱的机会，甚至差一点走上了阉人歌手的仕途。在唱歌的同时，海顿也有了更多机会学习和接触当时一流的音乐作品和音乐家。在乐队里，海顿得到了擅长不同乐器的老师们的悉心指点，并参与了大量音乐演出。闲暇时，他熟读了当时两部最重要的音乐著作《完美的乐队指挥》和《一步走到巴纳斯山》。直到海顿高龄名满天下，依然珍藏着这两部著作。他把这两部书从头到尾地反复研究、揣摩，并且跃跃欲试地尝试着作曲。年幼的他，以为只要把一张纸上写满就是好作品。由于全身心沉醉于音乐，以至于他几乎忘记了去学习其他知识。也许正是由于他如此孜孜不倦地专心于音乐世界，让他很快得以一窥门径，并且尽展所长成为一代宗师。他在日后总结道："我从未遇见名师，我的启蒙都是来自于实践。开始是声乐和器乐，后来是作曲。我非常注意聆听，我把我这个时代能够听到的最美好的音乐几乎都听全了。在维也纳这些音乐可真是不少啊，我牢牢记住了它们，并且受益匪浅。"

15岁时，这位少年在生理变化的影响下开始变声，慢慢地连女皇都觉得难以忍受，一次听了他的演唱后开玩笑说："海顿简直不是在唱歌，倒更像是公鸡打鸣。"于是乐团指挥只能换人，海顿也从此失去了乐团中领唱的席位。尽管海顿作为一个歌手的前途遇到了挫折，但他调皮捣蛋的少年本性依然不改。一次，合唱团中的一个男孩将长发梳成了辫子，海顿擅作主张，抄起剪刀就把那男孩的辫子剪了，闯下大祸。事情被告到了乐团指挥那里，按规矩海顿必须接受刑罚。已经预感到自己在童声乐团里前途无望的海顿哀告，情愿自动离开乐团，以免责打。不想指挥一瞪眼睛："门也没有！你先吃棍子，然后走人！"

二、"海顿老爹"

1749年年底，在寒冷的维也纳的冬天里，失去了工作的海顿仅仅带着三件不入时的衬衣和一件破旧的外套，步入了现实的世界。他会很多乐器，但是技艺都没有精湛到在一个宫廷乐队找到一个固定职位的程度；他一直靠唱歌维生，但是此时嗓音也早已是今非昔比。父母希望他能成为一个牧师，可海顿并不愿意为了生计而把自己并不喜欢的职业作

•《海顿弦乐四重奏演奏图》

为避风港。

在长达8年里，海顿只能靠打零工维持简单的生活。他为人配器、演唱、演奏管风琴，以及授课，并努力学习作曲。他是如此热爱音乐，以至于“只要坐在破旧的、让蛀虫咬得千疮百孔的钢琴前，就连国王的生活都不羡慕了”。他还花费了极大的精力研究音乐理论以及名家们的音乐风格。海顿是一个音乐上的多面手，而他又恰逢音乐气氛极其浓厚的时代，渐渐地，这个勤奋的年轻人被喜爱音乐的人们所接受。一位热爱音乐的贵族，时常邀请海顿一起演奏，并鼓励他放手一试，为他们的演奏创作一部新曲子。于是，海顿的第一部《弦乐四重奏》就这样诞生了。这是一种全新的音乐形式，在音乐史上被视为弦乐四重奏诞生的标志。这部作品很快引来了极大的好评，让海顿深受鼓舞，因而奠定了作曲的信心。从此，海顿的音乐作品源源不断地面世，也让他的命运面临了一次全新的转折。

1759年，27岁的海顿被一个贵族聘请为其私人乐队的作曲家及指挥，并创作了他的第一首交响曲。两年后，位于维也纳以南埃森斯塔特城的埃斯特哈泽家族聘请海顿为宫廷乐队的副指挥。埃斯特哈泽家族是帝国最富有的大贵族之一，从此海顿终于过上了衣食无忧的平静生活。他在埃森斯塔特安了家，几年后升任为指挥，全权管理乐队，并在这个位置上工作了近30年。

埃斯特哈泽家族的几任主人不但富可敌国，而且都是热情洋溢的音乐爱好者，经常亲自参加演出。他们拥有一个有400个席位的豪华剧场，几乎每周都会有两次公开演出，每次演出长达两小时，演出的内容几乎都是海顿的作品。这个剧场名声远扬，甚至连帝国女皇也亲临埃森斯塔特观看演出，并称赞不已，说以后要看歌剧，就该来埃森斯塔特。

海顿除了负责创作、指挥外，还要担负起乐团的一切行政管理工作，他要完成的事务几乎是两三个人全职的工作量。海顿在这些领域表现得都相当出色。他和乐队成员十分亲密，不但在排练、演出时与大家默契配合，而且对乐团成员相当关心，就像一个父兄一样照顾他们。久而久之，他博得了“海顿老爹”的昵称。

在埃森斯塔特长达30年的时间里，尽管很多行政工作以及由于主人们的品位、要求限制了海顿在音乐上的自由发展，但他也因此得到了平静的生活和良好的创作氛围。在这30年间，海顿佳作不断，先后共创作了60部交响乐、40首弦乐四重奏以及10余部歌剧。

18世纪80年代，埃斯特哈泽家族的宫门已经不能再禁锢海顿在音乐创作上的声名，他慢慢成为了欧洲大陆上最有影响的作曲家。各种各样的邀请、订单纷纷而来，欧洲各地到处都在演奏、出版他的音乐。他的音乐开始获得了自由，并充满活力，不再只为埃斯特哈泽家族的趣味服务。海顿终于进入了他的巅峰时期。

• 《交响曲95号》手稿

三、一代宗师

1790年，随着埃斯特哈泽家族老主人的辞世，宫廷乐队被解散，海顿终于获得了身心上彻底的自由。他离开埃森斯塔特，回到了维也纳。仅仅几个月后，海顿就接受了来自英国的邀请，要跋山涉水去那里举办音乐会。当时已经58岁的海顿在此之前从来没有离开过奥地利，也没有见过海洋，甚至连一句英语都不懂。朋友纷纷劝他，海顿却置之一笑：

“我的语言全世界都能听懂。”

海顿在英国逗留了18个月，获得了前所未有的成功。不但英国观众对他的演出趋之若鹜，而且当地传媒也是好评如潮。在海顿的伦敦首场演出后，英国的媒体如此报道：“在演出中，海顿本人在钢琴前指挥全局，这位著名的音乐家令全场观众如痴如狂。在英国的管弦乐演出历史上，还从没有令观众如此专注和享受的先例……”牛津大学还授予海顿“荣誉博士”称号。

在英国演出的日子，海顿自认为是“一生中最快乐的时光”。他对此念念不忘，以至于1794年再次远赴英国演出。在这期间，他前后共创作了12首交响曲，都堪称交响乐中的经典，其中，《惊愕》《奇迹》《军队》《伦敦》等都是音乐史上的巅峰之作。

• 奥地利布尔艮兰州的埃森斯塔特，海顿曾在这里生活工作了30多年

由于受到英国国歌《上帝保佑国王》的启发，回到维也纳后，海顿为奥地利诗人哈施卡所作的《皇帝之歌》谱了曲，成为当时奥地利的国歌。之后歌词虽几经修改，但是海顿的曲子一直被沿用到1918年。1922年开始，这首曲子又被第一次世界大战后建立的德国魏玛共和国指定为国歌。1990年，统一后的德国又再次沿用了海顿的曲目为国歌，一直到现在。

海顿一生勤奋，为人也极为谦逊友善。他在前往英国的途中，路过波恩，认识了年方22岁的贝多芬。他对贝多芬大为赞赏，不但百般帮助这位年轻的音乐天才，还欣然接纳贝多芬为门下弟子。在此之前，他与另一位音乐史上的天才大师莫扎特也关系融洽，尽管两人之间年龄悬殊，但是彼此惺惺相惜，结为忘年之交。同样是心胸坦荡的莫扎特，甚至亲昵地称呼海顿为“爸爸”。

1796～1801年间，为了仿效作曲家亨德尔的著名神剧《弥赛亚》，海顿倾尽全力创作了大型神剧《创世记》及《四季》，获得了极大的成功，尤其是《创世记》堪称是海顿音乐创作生涯中最伟大的作品。但是这两部作品也过多地消耗了海顿的体力和精力，疾病和衰老伴随而来，让这位老人渐渐开始力不从心。1808年，为了庆祝海顿76岁生日，举行了盛大的《创世记》演出。维也纳城中所有知名的音乐家都到场向海顿致意，贵族王公们都为能与这位和蔼的老人亲近为荣，贝多芬也上前频频亲吻老人的双手，以表敬意。在前往音乐厅的路上，到处都有人在高喊：“海顿长命百岁！”可是年迈体弱的海顿仅仅坚持到半场，就体力不支，被迫在全场的一片掌声中含泪退场。

• 海顿雕像

1809年5月31日，一代音乐大师海顿在家中与世长辞，结束了77年平静但伟大的一生。他说过：“我的一生就是一首和谐之歌。”

洪 堡

—— 一个被时人尊为“科学之王”的人

是他第一个对美洲新大陆进行了系统的科学考察，实现了从16～17世纪以掠夺和占领为目的的探险到18～19世纪以科学考察为目的的转变；是他通过多年的实测资料绘制了第一幅全球等温线图；是他系统地测量了从圣彼得堡到阿尔泰的磁偏角和磁倾角，成为地球物理学的先驱；是他第一个根据自己的实测资料说明海水温度的水平和垂直分布，第一个发现了秘鲁寒流；是他把植物的分布和当地的气候、土壤联系起来，提出了植物和所在环境的关系，从而开创了植物地理学这一新的分支学科。他以坚定的毅力与执着的追求实现了少年时期的愿望——到非洲、南美洲和其他一些地方去游历，亲眼看一看海外世界，找出现在还没有人能回答的那些问题的答案。他就是举世公认的近代气候学、植物地理学、地球物理学的创始人之一——洪堡。

一、求学生涯

1769年9月14日，亚历山大·洪堡（Alexander von Humboldt，1769～1859）出生于普鲁士王国柏林台格尔庄园。父亲是普鲁士王国弗里德里希大帝的宫廷大臣。

台格尔庄园坐落在离柏林不远的郊外，周围有大片树林，园内栽种着许多国外的珍贵花木。洪堡经常到花园里观赏花草树木，到附近的田野领略大自然秀美的风光。他喜欢搜集形形色色的螺蚌贝壳，采集各种植物的茎叶花卉，并逐个查询它们的名字，贴上标签分门别类地保存起来。

洪堡喜欢地理课，并经常向老师提出一些问题，比如：哪个国家生长什么植物？哪些河流最长最宽，是从什么地方发源的？什么山有多高？什么地方冷，什么地方热？赤道以南地区能看到哪些星星……而地理老师所给出的答案，并不能完全满足他的要求。

洪堡从小就喜爱看书，常常待在父亲的书斋里翻阅各种各样的书籍，对那些有关探险方面的书最感兴趣。书中描绘的异国景物、海外风光，使洪堡大开眼界，也引起了他出游的强烈兴趣，在他幼小的心灵里播下了远游的种子。洪堡宣称，他将把一生献给旅行——献给对世界上所有奇观的研究。

洪堡的兴趣爱好并没有随着年龄的增长而改变。如果把他所收集的标本陈列出来，足以布置成一个小小的博物馆了。对海外世界的向往，使洪堡整天钻进书房里翻阅那些有关的书籍、画册，有时遐想联翩，有时又高兴得手舞足蹈。

洪堡15岁那年，著名博物学家威尔特诺来到台格尔庄园。威尔特诺对洪堡的兴趣爱好表示赞赏，认为他在科学方面有明显的才能，并对他的父亲说：“我恳切地劝你引导这个孩子走进自然史的领域。”父母并没有听取这位学者的建议，他们只打算给洪堡找一份体面的工作。

普鲁士王国当时的经济收入，很大一部分依靠采矿业，矿务部的官员既有权势又受到人们的尊敬。如果让洪堡去学习矿业，既和他的爱好接近，又不会损伤家庭的体面。考虑再三，洪堡最后决定尊重家里的意见，同意到大学里去学矿业。

18岁时，洪堡离开庄园，开始了他的外出学习生活。1787～1791年间，他先在法兰克福大学学习，后转到哥廷根大学。1791年，他又到弗雷堡矿业学院学习。

在大学期间，洪堡结识了两位不寻常的教师。一位是乔治·福斯特，他曾跟随英国航海家詹姆斯·库克领导的第二次探险队，在南半球海洋上航行。另一位是《鲁滨逊漂流记》的德文译者，也是一位对远航探险极感兴趣的人。与他们的往来，更加激起了洪堡探索大自然的兴趣。洪堡决心到人们还不了解的那些地方去旅行和考察，探索和研究那里大自然的奥秘。

1792年，23岁的洪堡成了普鲁士王国拜罗伊特和菲希特尔山区的矿产检查员，1793年被提升为法兰考纳的矿产检查官，1794年又被提升为总检查官。洪堡从一个矿井跑到另一个矿井，对矿物和岩石进行实地考察和研究。洪堡的才干和工作成绩受到矿务部大臣和国王的赏识，所以被接连提升，他很快被委任为矿产总督察官。

1797年，洪堡的父母相继去世，洪堡和哥哥威廉继承了一大笔遗产。洪堡的行动自由了，于是，他辞去矿务部的工作，开始计划去各地旅游，以实现幼年时期的梦想。

二、美洲考察

1799年6月5日，洪堡和法国植物学家邦普朗在得到西班牙国王的同意后，搭乘一艘名为“毕扎罗”号的轻型巡洋舰，离开西班牙的港口，驶进了浩渺无边的大西洋，在汹涌的波涛中向南美洲驶去。

7月间，航船在南美洲北部委内瑞拉的库马纳靠岸。这里的热带景物使出生在温带地区的洪堡和邦普朗感到格外新奇：“……我们周围全是奇异的植物、电鳗、老虎、犰狳、猩猩和鹦鹉……一切都是纯粹新奇的。你简直不能想象鸟的羽毛有多么鲜艳，鱼是什么颜色的，甚至螃蟹也是天蓝色和金色的……我确信我在这里将会十分快乐。”

洪堡并没有沉浸在快乐中，他开始对大自然进行考察和研究。他对库马纳大地震和通古拉瓦火山做了考察和分析，还观察了日食和星座。

在库马纳停留一段时间后，洪堡和邦普朗继续向西行进，到了委内瑞拉的加拉加斯。在这里他们打算深入内地，去勘察一下奥里诺科河的上游地区。

1800年2月初，洪堡和邦普朗离开加拉加斯，开始了他们在南美洲内陆的旅行考察。在热带雨林里，高大多层的乔木，茂密矮小的灌木，铺满地面的草本植物，以及缠绕于乔木树干上的藤蔓交织成一片绿色的屏障。要在这种地方行进是十分困难的，但对洪堡和邦普朗来说，这种地方却正是观察热带雨林和探索大自然奥秘的最理想地区。

他们在密林中穿行，留心观察周围的一切事物。他们看到许多在欧洲从来没有见过的奇异植物，隐匿于密林中的野兽对他们虎视眈眈。在河岸边的沙滩上，还可见到一群群张着大嘴晒太阳的鳄鱼。

在密林中旅行，河流是最通畅的道路，在蜿蜒穿流于丛林中的水道上航行，比起在密林中徒步或骑马行进要顺当得多。不过，在河流上航行也并不安全。在很宽的河面中，经常有大的风浪；在河面狭窄的地段，水流又十分湍急，随时都有覆舟溺水的危险。河中鳄鱼出没，水上蚊子成群。“大群大群的蚊子，多得把天都遮蔽了，绝对需要把头和手都盖起来。”

1800年4月6日，当他们正在河上航行时，一场暴风雨突然来临。狂风呼啸，大雨倾盆。小船在波浪间颠簸，船舱中的印第安人向导和船工，认定小船即将被浪打翻，于是纷纷跳下船向河岸游去。船上只剩下洪堡和邦普朗两人。风浪越来越大，情况十分危急。为了保住全部考察资料和标本，他们没有离开。“我们的处境确实是骇人的。最近的河岸离我们有一英里多远，在那里有一些鳄鱼躺着，半截身体露出水面。即使我们逃过了狂风恶浪和饥饿的鳄鱼到达岸上，我们肯定也会死于饥饿，或者被老虎撕成碎块。因为岸上的树林是那么稠密，并且同匍匐与悬挂的植物错综交织，根本就不可能穿越过去……”幸而，最后他们平安度过暴风雨。

1801年，洪堡和邦普朗又开始了对哥伦比亚、厄瓜多尔和秘鲁的安第斯山脉的探险。洪堡攀登和考察了厄瓜多尔境内的许多火山，为了收集从地球内部释放出的气体，他一再走下活火山口的深处。在仔细观察了安第斯山的岩石以后，他认为老师维尔纳关于岩石皆由水成的说法是

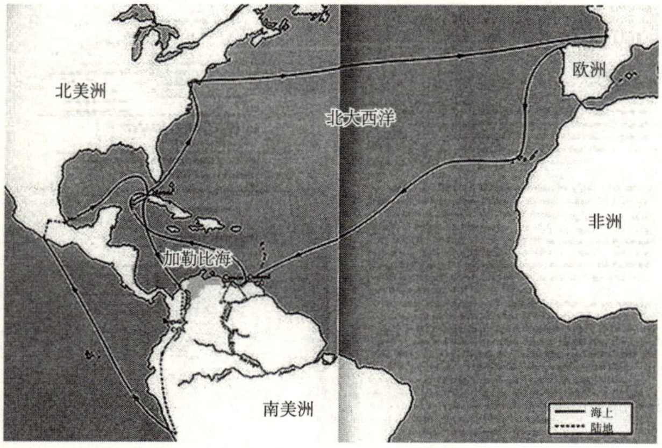

• 洪堡科考探险路线

错误的，并断言花岗岩、片麻岩和其他结晶岩都是火成岩。他和邦普朗还攀登了钦博拉索山（当时人们认为它是世界最高峰），爬到海拔5878米处，这是当时人类所到过的最高点。在高山峻岭中，洪堡用空盒气压表测定高度，用温度表测定气温，用磁力仪测定地球磁场，观察热带山区的气温、气压、植物和农业随高度不同而明显变化的有趣现象，他还记载了因缺氧而导致高山疾病的征象。

之后，洪堡和邦普朗渡海到墨西哥和古巴。他们把积累下来的大量考察记录、图表和日记，以及约6万件无价之宝——植物与岩石标本，集装成箱全部运往欧洲。1804年，洪堡和邦普朗又到美国去旅行考察。

洪堡在美洲长达5年的考察中，总行程达6.5万公里，相当于绕行地球一圈半，这成了洪堡开创一生伟大事业的转折点。在这5年考察中，洪堡给自己定下任务。他仔细观察并认真分析所看到的一切自然景物：气候的变化、风力的差异、植物和动物的种属、生物与环境的关系、火山地震、岩石矿物、河流湖泊以及天象星座等。

1804年8月中旬，洪堡带着科学事业上的“战利品”——大批的科学笔记以及大量的植物、动物、岩石标本，这些都是人类知识宝库中的无价珍品——返回巴黎①。巴黎轰动了，视他为旷世英雄，像恭迎国王

① 洪堡为什么不到柏林而到巴黎，主要是为了更好地进行研究。当时，拿破仑几乎征服了整个欧洲，使法国成为欧洲最强大的帝国。巴黎不仅是拿破仑帝国的首都，而且也是当时欧洲文化最发达的城市。那里聚集了许多学识渊博的学者，有藏书众多的图书馆和出色的博物馆，这都给洪堡的研究提供了极大的方便。

一样欢迎他。

三、整理与研究

在5年的旅行考察中，洪堡几乎把变卖遗产的钱财和所有积蓄花光。要留在巴黎工作，总需要有些钱以维持生活。普鲁士国王想封他为教育大臣。洪堡想到，如果当了教育大臣就会整天陷入事务性工作，根本没有时间来做研究。他谢绝了这一任命。国王又改封他为宫廷大臣，并允许他留在巴黎不必回到柏林去。这样，他就用不着为生活和研究的经费而担心了。

洪堡面对大量资料，想到异国他乡的景象：茂密的森林，高耸的火山，湍急的江河，奇异的生物……这一切都使他久久不能忘怀。但如果仅停留在这让人赞叹的描述上，并不会给科学增加什么新东西。一个真正的旅行家，就要对所看到的一切进行系统的整理和认真的思考，找出它们之间的内在联系和科学规律来。洪堡正是这样一位旅行家。他不满足于这些直观的感觉，决心把错综复杂的自然现象进行综合分析，对当时还没有搞清楚的一些科学问题做一番深入的探索。

面对如此众多的考察记录、图表、日记和动植物标本的整理与研究，并不比在野外考察轻松。这是一项更加艰苦的工作，如果没有坚强的毅力和献身科学的精神，要完成这种工作是不可能的。

洪堡制订了一个庞大的计划，要把所有考察的成果写成一部科学巨著。他明白，要完成这样一项巨大的工程，单凭一人之力是不行的，必须有众多科学家的协作。他的计划得到了当时许多著名科学家的支持，包括化学家盖·吕萨克、解剖学家居维叶、数学家拉普拉斯等世界一流科学家，都是洪堡组织的协作成员。

在距离巴黎3英里处的一个叫作阿格依的村子里，洪堡和这些学者们聚集在一起，共同商定研究计划。大家各抒己见，交流心得，各自承担了一定的研究项目。洪堡当然是主角，最主要的工作还得由他来做。

普鲁士王国的公事，繁忙的社交活动，占去了洪堡不少宝贵的时间。他只有抓紧一切可以利用的时间，坚持不懈、孜孜不倦地埋头于研究，取得了一个个振奋人心的科学成果。天文、地理、气候、动物、植物等，都在他的研究范围之内。

洪堡居巴黎20余年，写下了大量科学著作，主要有《新大陆热带地区旅行记》《自然界的景象》《新西班牙王国》《新大陆地理》等。

通过这些著作，洪堡呈现了他在科学上的主要贡献，包括：首创世界等温线图，指出气候不仅受纬度影响，而且与海拔高度、离海远近、风向等因素有关；研究了气候带分布、温度垂直递减率、大陆东西岸的温度差异、大陆性和海洋性气候、地形对气候的形成作用；发现植物分布的水平分异和垂直分异的关系，得出植物形态随高度而变化的结论；根据植被景观的不同，将世界分成16个区，确立了植物区系的概念，创建了植物地理学；首次绘制地形剖面图，进行地质、地理研究；指出火山分布与地下裂隙的关系；认识到地层愈深温度愈高的现象；发现美洲、欧洲、亚洲在地质上的相似性；根据地磁测量得出地磁强度从极地向赤道递减的规律；根据海水物理性质的研究，用图解法说明洋流；发现秘鲁寒流（洪堡寒流）……

少年时代的达尔文就读过洪堡的《个人自述》，立志要像洪堡一样探索自然。后来他回忆洪堡的影响时说："以前我钦佩洪堡，现在我几乎是崇拜他。"著名诗人歌德很敬佩洪堡的才学，赞颂说："洪堡像一个有许多龙头的喷泉，你只要把一个容器置于其下，随便一触，任何一边都会流出清澈的泉水。"的确，像洪堡这样，能在众多科学领域中都有创见和发现，实在是极其罕见的。

四、老骥伏枥

1827年，洪堡回到了柏林。国王任命他到枢密院任职，并在大学讲授自然地理课。这时他已经是声誉极高的学者了，在他讲学时，就连普鲁士国王也常坐在听众席中。可是他对自己的学识并不满足，他还要继续旅行，去攀登那些还没有被征服过的高峰。

1829年，洪堡已是60岁老人，可他的精力依然旺盛。这一年，他应俄国沙皇的邀请，去了圣彼得堡。他们的科学旅行从亚洲和欧洲之间的乌拉尔山开始，一直向东走到中国的边境。

在乌拉尔山，洪堡勘察了白金矿产地。根据当地的地质情况，洪堡指出在这里有可能会找到金刚石，这个推断后来得到了证实。俄国期望他能帮助他们在乌拉尔山找到更多的矿藏，所以还指定了一名矿务官员为洪堡的矿产研究提供帮助。

洪堡的考察项目并不限于矿产，他想在这里取得有关气象、生物、地质及文物古迹等方面的资料。他研究了俄罗斯干旱草原地带的植物，测量了西伯利亚的温度，还了解了当地的风俗民情及历史文物。

在回国途中，洪堡一行又到了里海岸边。他考察了里海四周的地理环境，还搜集了不少水生生物标本。

回到柏林后，洪堡再也没有离开首都外出过。他住在离普鲁士王宫不远的奥拉宁堡大街，全力投入他的研究和著述工作。

洪堡到70岁高龄时，开始创作一部伟大的著作《宇宙》。但他很难得到安宁，来拜访的人络绎不绝。人们邀请他参加当时的每一种文学、政治和社会活动：国王借重他外交方面的实践本事；地理学的编者依靠他对于南美洲的第一手知识；经济学家们由于他掌握了德国财政制度的全面情况而求教于他；全国第一流作家也来找他，希望他的灵感能点燃他们头脑中的才华之火。

洪堡只好利用上午时间查阅材料，夜间进行写作。他把编写《宇宙》看作是自己一生的主要事业。该书反映了他追求自然界统一的思想，

• 《宇宙》

汇集了他一生的研究和发现。全书共5卷，第一卷是关于宇宙全貌概述；第二卷是历代对自然风光的论说和人类致力于发现及描述地球的历史过程；第三卷论述天体空间的法则；第四卷讲地球；第五卷是根据他死后遗留下的大量笔记，进行整理编辑而成。该书优美的文字、厚实的内容和富有启发性的论点，吸引了广大读者。第一卷出版后，两个月就销售一空，不久就出版了几乎囊括欧洲所有语言的各种译本。

洪堡一生中走过很多地方，足迹遍历西欧、北亚和南北美洲。他的考察成果对科学理论方面做出了重要贡献，给世界留下了许多宝贵的科学著作。

1859年5月6日，这位给人类留下巨大精神财富的科学家，离开了人世。他或许是到另一个世界旅行去了。

莱伊尔

——一个被誉为“近代地质学之父”的人

在英国牛津大学阿什莫尔博物馆地质学阅览室里，经常可以看到一位年轻的学者在发愤研究，他时而伏案沉思，时而到标本架前观看，仿佛忘记了时间。从地形复杂的欧洲到幅员辽阔的北美大陆，从欧洲最北端的挪威冰川到南端意大利亚平宁半岛的冲积平原，从热浪灼人的火山喷发现场到深逾千米的煤田矿坑，无不留下他执着而坚毅的脚印。他一生追求，持之以恒，在75岁高龄时，为了取得人类演化的地质证明，他还漂洋过海远赴法国，考察洞穴堆积状况。在这数十年的科学考察中，他几次遇险，又几次死里逃生，他把这当作命运对他的厚爱。他以现实主义的理论和方法，推动了人类科学的文明和进步。他就是19世纪英国著名地质学家、“近代地质学之父”莱伊尔。

一、跨入地质学大门

1797年9月14日，查尔斯·莱伊尔（Sir Charles Lyell，1797～1875）生于英国苏格兰的金诺第镇。父亲早年毕业于剑桥大学，曾从事过植物学和昆虫学的研究。他还喜欢野外旅行，家里的私人图书室里，藏有大量图书和动植物标本。母亲是大家闺秀，有良好的艺术修养。

莱伊尔自幼受父亲的影响，喜欢到野外游玩，捕捉蝴蝶和昆虫，到附近的山坡断层旁去捡水晶、玉髓和奇特的石头。他常听父亲讲述那些动植物标本的品种、来历和作用，以及在采集制作过程中遇到的种种奇闻逸事。这美好的一切构成了他对地质学、生物学的最初印象，并在幼小的心灵上留下许多难解的疑团。

小莱伊尔聪明好学，记忆力强。他8岁开始学习作文，10岁学习拉丁文，13岁学习法文。1814年，刚满17岁的莱伊尔就进入牛津大学学习古典文学和数学，并选修了当时著名科学家格尔登讲授的昆虫学课程。

大学生活使莱伊尔眼界大开，他接触到许多新的知识领域。1816年，将满19岁的他，秉承父命，改学法律。但莱伊尔本人却被大自然的奥秘所吸引，他想通过自己的探索，解开那埋在心里多年的疑团。

一天，莱伊尔在父亲的私人图书室发现当时著名地质学家贝克威尔所著的《地质学引论》，便如饥似渴地读起来。书中所描绘的奇山怪石、形态各异的矿物和地球的沧桑变化，深深地震撼了他。于是，他选修了贝克兰讲授的地质课程，参加了地质学小组的课外考察和采集化石标本等活动。莱伊尔第一次受到地质学正规训练，他不仅认识了许多岩石和矿物，可以区分它们的种属和特性，而且通过野外考察，还掌握了勘察、取样、制作标本的基础知识和技巧。

1818年，莱伊尔随父母去法国、瑞士、意大利旅行，有机会穿越了阿尔卑斯山。沿途，他对地层、峡谷、瀑布、冰川及岩层褶曲等地质现象进行了细致的观察，并做了详细记录，采集了一些标本和化石。到巴黎时，他还特意参观了居维叶①的化石标本陈列室。

1819年，莱伊尔大学毕业，在父亲的压力下，他不得不到伦敦从事法律研究。1821年，当他得知地质权威詹姆逊教授要在爱丁堡讲授地质

① 居维叶（Georges Cuvier，1769～1832），法国动物学家，比较解剖学和古生物学的奠基人。他著述之繁多，收集材料之广泛，为世人所罕见。

学课程的消息后，他毅然决定去爱丁堡听课。

詹姆逊的地质课，概括了19世纪以前各家的观点，这对莱伊尔地质思想的形成影响极大。1823年，莱伊尔根据自己收集的资料，特别是对家乡地质情况的了解，撰写了第一篇论文。论文在伦敦地质学会上宣读后，受到与会者的称赞。从此，走出校门不久的莱伊尔，跨入了地质学的大门。

二、力排纷争

人类对岩石、矿物性质的认识可以追溯到远古时期。但真正把地质学作为一门独立的学科来认识，却是18世纪的事。

早在1695年，英国医生伍德沃德曾进行过一系列的地质考察，发现一些在水的作用下生成的地层及化石，他用《圣经》关于诺亚洪水的传说解释岩石的成因，从而形成较系统的水成论见解。

正当水成论盛传之际，意大利威尼斯修道院院长、天主教神甫安顿·莫罗（Anton Moro，1687～1764）考察了埃特纳火山，从火山爆发形成熔岩流这一自然现象得到启发，提出了与水成论对立的看法。他认为，原始地球被不深的淡水所覆盖，由于地下火的作用，使陆地和山脉隆起而升出水面，同时包含在地球内部的物质如黏土、泥、沙、沥青、盐都被排放出来，在石质的地表上形成一层新的地层。化石是埋藏在新形成的地层中的动植物遗骸，因陆地的隆起而出现在高山上。

莫罗所提出的火山作用的思想，为火成论的诞生奠定了理论基础。伍德沃德和莫罗两种观点的对立，标志着18世纪关于地质形成理论争论（即水成论与火成论之争）的开端。

把水成学说推到极致的是18世纪德国矿物学家维尔纳。维尔纳十分注意实地的地质调查，认为必须考察在岩层中或从矿井里采掘出来的矿石才能谈得上研究地质现象。在说明这些岩层的成因时，他坚持水成论，认为原始的地球是由固体的核和包围着它的洋水组成。洋水的成分与现在的海洋不同，含有大量岩石物质，这些物质经化学结晶从洋水中沉析出来形成原始岩层。而沉积岩不过是“原始岩层”由海水的侵蚀作用而形成的。

英国著名地质学家赫顿在考察地质现象时力图找出关于地球的统一原理。1785年，他在英国爱丁堡皇家学院发表了著名的演讲。在这次演讲中，他提出了考察地质现象的一个普遍原则，即地球的历史必须以现在在地球上仍然起作用的、可以观察到的那些因素来解释。在地壳形成问题上，赫顿强调地下热在岩石固化中的作用和火山活动对地壳隆起的影响。在火山爆发过程中，海底地壳隆起，形成陆地和山脉，山脉上的岩石被风化成碎屑，碎屑又被冲入大海，经过沉积作用和地下热的作用固化成岩石，一层层地覆盖在海底。

赫顿把所有的沉积地层都看作是由以前陆地的碎屑形成的，从旧大陆到新沉积层的形成需要漫长的时间，这不是《圣经》上所说的6000年前的一次洪水所能完成的。赫顿的这些思想表明，他既承认地球有漫长的历史，又承认在地壳演化中火和水的共同作用。

在地壳运动变化的方式上，还存在着突变论与渐变论之争。

持突变论主张的代表人物是法国著名学者布丰。他认为，地质作用有两种，一种是一般原因如火、空气、水的作用，是连续而缓慢的；另一种是特殊原因如地壳的抬升、淹没和下陷，是突变的。这就是布丰的突变论观点，即强调地球起源和地壳运动的突然性。

到19世纪初，以法国古生物学家、比较解剖学家居维叶为领袖的灾变论占据了统治地位。

居维叶与人合作，对巴黎盆地第三纪沉积岩层进行了长期、详细的研究，发现在不同的地层中，含有不同的动植物化石，并且地层越深就越古老，所含动植物化石就越和现在生活着的动植物不同，有些显然是属于灭绝的种属。据此，他得出结论，不同的地层结构是由于发生过多次洪水灾变，不同地层中的不同生物化石则是在每一次灾变后的重新创造。这就是所谓的灾变论。

与灾变论不同的是一种生物缓慢进化的思想，其代表人物是法国博物学家、进化论先驱拉马克。他认为，一些种属是由另外一些种属逐渐发展而来的，而低级种属向高级种属的变化，则需要一段漫长的地质时期。由此，拉马克得出地球已经存在十分久远的结论。

莱伊尔对水成论和火成论的论战很感兴趣，地球缓慢进化的思想也在他的思想中逐渐孕育。为了占有各类地质资料，他于1822年特地到家乡考察，验证这个地区的海陆变迁和地层变化。1823年，莱伊尔参加了巴克兰领导的地质小组，到英格兰南部萨塞克斯郡和怀特岛进行地质考察。1824年，又随同巴克兰到苏格兰湖区进行专题考察，对湖的形成及该区地层、地质演变做了详细的记载。

• 莱伊尔手绘的马德拉火山口素描

在长期地质考察中，莱伊尔逐渐接受了拉马克的渐进观点，并坚持用现在已知的自然法则来解释自然现象，认为古今的地质营力是一致的。这就是他提出并一以贯之的“将今论古”的现实主义方法。正是在这一方法的指导下，莱伊尔经历了10年的艰苦努力和野外观测，游历了欧洲和美洲各地的名山大川，在掌握了大量的第一手地质资料的基础上，把以往不同时期各派地质学家提出的分散甚至矛盾的学说综合、联系起来，最终形成了一个严整的、新的地质发生和发展理论，即著名的地质演化“渐进论”。

这一理论的核心思想是：引起地球变化的力量，不是超自然的外力，而是自然界本身的自然力，如地震、火山、风雪侵蚀、河水冲刷和沉积等。这就是说，地质现象都是一般自然过程中水与火共同作用的结果。这就使得长期困扰着人们的水火之争在新的基础上统一了起来。

三、《地质学原理》

莱伊尔把自己的研究写成一部划时代巨著——《地质学原理》。该书是系统地总结、论述渐进论的鸿篇巨制。全书共有四卷（1838年，莱伊尔将第四卷扩充为独立专册，命名为《地质学纲要》）：第一卷集中论述了地质学研究的内容、地质学发展史、地质现象的自然法则等，把地质现象归因于一般自然过程中水与火的作用，认为地球表面是屡经变化的，这种变化一直在缓慢而不停地进行着。第二卷论述了火山和地震的成因及其影响。第三卷论述了有机界在自然选择、地理分布和迁徙，以及在人工种植等条件下所引起的变化。第四卷是全书的重点，详细阐述了“渐进论”的基本内容。

莱伊尔在《地质学原理》一书中，列举了大量事实，分析了大量资料，用当时所观察到的自然界各种地质营力来阐明古今地壳的变迁，为动力地质学的建立提供了理论前提；用历史比较的观点，说明地球的面貌是缓慢变化着的，从而为以后历史地质学的建立奠定了理论基础。

莱伊尔《地质学原理》的问世，促进了矿物学、岩石学、地质学、古生物学、生物地层学、矿床学、构造地质学向纵深发展，推动了地质学新学科的建立，它不仅完善了地质科学的理论基础，同时也为生物进化论开辟了道路。据史料记载，当年达尔文在乘“贝格尔”号巡洋舰做历史性环球航行时，随身携带的两本书之一就是莱伊尔的这本《地质学原理》，他把这本书称为“可钦佩的书”。赫胥黎更是明确指出：“莱伊尔是一个主要的行动者，为别人和我自己铺好了达尔文主义的

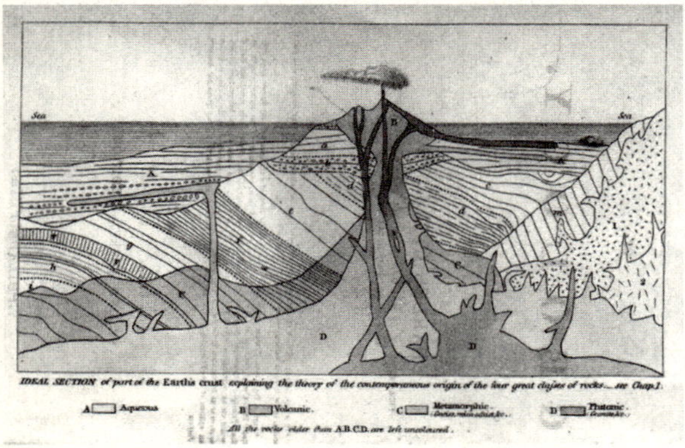

• 《地质学原理》卷首插图

道路。”恩格斯则赞扬莱伊尔第一次把“理性”带进了地质学。

四、探求真理，至死方休

《地质学原理》的出版，标志着莱伊尔在学术上进入成熟阶段，他的渐进论思想，引起了科学界的激烈争论，他也随着这部巨著的广泛流传而扬名于世。

《地质学原理》出版后，莱伊尔把全部精力都集中在野外地质考察和研究上，通过实地考察，不断地验证自己的理论观点，充实和完善它的内容。1830～1873年的43年间，《地质学原理》共出了11版，每一版的修改和补充，都是他艰苦野外地质考察的最好记录，是他心血的结晶。

《地质学原理》出版这一年，莱伊尔已满33岁，但他的全部精力都集中在地质考察上，婚期一拖再拖。直到1832年7月，莱伊尔才结婚，这时他已满35岁。在取得夫人同意后，他决定趁蜜月旅行之机再进行一番地质考察。他们通过波恩，沿莱茵河向上，穿越阿尔卑斯山，到意大利北部，沿途还做了专题考察，取得了大量资料，丰富了《地质学原理》第二、三卷的内容。

1833年，莱伊尔再次从巴黎到波恩，沿莱茵河到法兰克福、曼海姆，直至比利时东部和法国北部滨海一带进行地质考察，对那里的海陆变迁、海岸结构做了详细的研究。

1834年，莱伊尔到斯堪的纳维亚半岛进行地质考察。他对瑞典海岸上升现象颇感兴趣。在这次野外考察中，他研究了冰川现象和冰川活动。这次考察所取得的成果都补充在《地质学原理》一书第三版中。

1837年，莱伊尔经丹麦到挪威进行地质考察，对那里的各种地质作用做了考察与研究。是年，《地质学原理》第五版出版。1838～1840年，莱伊尔集中精力从事冰川的考察与研究，1839年提出了冰河期的概念，从而建立起第四纪地层的完整系统。

1841～1842年，莱伊尔到北美旅行并进行地质考察。在这次考察中，他研究了魁北克地区下古生界与古老结晶岩系的不整合接触；研究了尼亚加拉瀑布，认为这个瀑布是说明河流在坚硬岩石中能逐渐掘蚀一个大深谷的例证。考察期间，他对北美东部中生代、新生代地层以及那里的冰川现象进行了研究。在这次考察中，他采集了大量标本，搜集了大量珍贵资料。

回国后，他集中精力编写和整理北美考察资料和进行标本鉴定。1845年，《北美旅行记》分两卷出版。这本书生动地描述了莱伊尔对北美地质考察的过程和内容，成为研究北美地质的重要文献。

是年，莱伊尔又带着新的课题第二次赴美考察。第二年，《美国第二次访问记》出版。

此后，莱伊尔又到欧洲许多国家旅行、考察，他先后到过比利时、德国、西班牙、瑞士、奥地利、捷克、荷兰、法国等地。

莱伊尔对地质学的研究是孜孜不倦、永无止境的，他把几十年的考察成果，不断地充实到《地质学原理》各版中，不断地完善自己的论点，确保了这部论著的生命力。1872年，莱伊尔虽已75岁高龄，还专程到法国考察洞穴堆积，获得了许多珍贵资料，为撰写《人类演化的地质证据》一书，创造了条件。

上新世（地质时代中第三纪的最新的一个世，它从距今530万年开始，距今180万年结束）是莱伊尔于1833年命名的，这个时期的贝类化石的总种数占现存种数的60%～70%

莱伊尔在地质科学发展中的突出贡献，使他享有颇高声誉，在1848年获爵士称号。他两次当选伦敦地质学会主席，并于1861年当选英国皇家学会主席，被任命为英国博物馆馆长。

1875年2月22日，这位享有盛名的科学家与世长辞，终年78岁。人们怀着崇敬的心情，把他安葬在伦敦威斯敏斯特大教堂。

莱伊尔一生的卓越贡献，特别是关于进化的地质思想及他不断完善的《地质学原理》，早已成为珍贵的科学文献和认识自然界的基础理论并流传于后代，有力地推动着地质科学的发展。

狄更斯

——一位被誉为“时代的旗帜”[1]的伟大小说家

他出身贫寒，儿时当过童工、学徒，后来通过自学而成为英国近代文学史上唯一一位可与莎士比亚媲美的伟大作家。他的作品风靡英伦，誉满全球，小说中的许多人物，像匹克威克、奥列佛·特维斯特、大卫·科波菲尔、密考伯等，在许多国家已经妇孺皆知、家喻户晓。当他在1870年6月9日逝世时，前来吊唁、瞻仰的人络绎不绝。据说伦敦有一个小女孩吃惊地问：“狄更斯先生死了吗？那么圣诞老人是不是也要死掉呢？”这位死了的“圣诞老人”就是一代文豪狄更斯。

一、悲苦童年

1812年2月7日，查尔斯·狄更斯（Charles Dickens，1812～1870）生于英国南部朴次茅斯市外的海港波特西。父亲约翰·狄更斯是海军军需办事处的职员。他工作勤奋，却不善理财，结果弄得入不敷出，债台

①马克思语。

高筑。他和妻子共生了8个孩子，狄更斯排行第二。1817～1822年间，全家迁居查塔姆一所简朴的宅子里。在这里，狄更斯度过了美好的童年。

在查塔姆，狄更斯在一所男女同校的学校走读。不过，真正成为狄更斯老师的，却是家里的藏书。那里有18世纪英国著名作家笛福的《鲁滨孙漂流记》、斯摩莱特的《兰登传》、菲尔丁的《汤姆·琼斯》、哥尔斯密的《威克菲尔牧师传》，以及法国拉萨日的《吉尔·布拉斯》、西班牙塞万提斯的《堂·吉诃德》、阿拉伯民间故事集《天方夜谭》等。这些小说、故事中的人物和事迹使狄更斯常常浮想联翩。

狄更斯贪婪地阅读了许多文学作品，并试着扮演小说中的人物，体察他们的感情，因此他从孩提时起就培养出两种才能：一种是从小就喜欢幻想，爱好文学创作；另一种是培养了朗诵、唱歌和讲故事的才能。

1822年，狄更斯全家搬到伦敦，结束了他在查塔姆的童年生活。到伦敦后，家庭经济情况恶化，负债越来越多。1824年，父亲终因无力还债而被捕，关进负债人监狱。为了省钱，全家人都住在监狱，唯有狄更斯一人住在原先家里。狄更斯十分伤心，他要奔走于家庭和监狱之间。他既要照顾年幼的弟妹，又要典卖家里所剩无几的东西，还要抽空到监狱里去探望父亲。不久，家里的东西几乎典当一空，连他最喜欢的从查塔姆带来的诸如《兰登传》《汤姆·琼斯》等图书，也一本一本地落入旧书商手中。

家境的艰难，迫使狄更斯不得不离开学校，进入一所黑鞋油作坊当童工。在那里，狄更斯的工作是给黑鞋油瓶子盖上封口，用细绳缚好，贴上商标。他衣衫褴褛，穿着破围裙，整天和瓶子、纸张、细绳、剪刀和糨糊瓶子打交道，工资一星期只有6先令。不久，由于狄更斯工作敏捷、熟练，老板就把他放在沿街一个玻璃橱窗里面做活广告。父亲入狱和他做活广告，是狄更斯一生中的奇耻大辱，在他的心灵中留下了永久的伤痕。他一生对社会底层贫民及无依无靠的儿童深怀同情，对富人和上层阶级充满了厌恶与愤恨。

二、峰回路转

苦难的日子终于熬到了尽头，父亲从一个亲戚那里继承到一笔为数不多的遗产，总算还清了债，全家结束了这段监狱生活。狄更斯也离开了这个使他终身感到屈辱的黑鞋油作坊，重新进学校求学。这时候，狄更斯还只是一个12岁的少年。学习了两年多，家里经济条件再次恶化，他只好再次辍学，进了一家律师事务所当抄写员，还经常跑出去为事务所送信和传递消息。这差使使他走遍伦敦的大街小巷，看到了人世间的世态炎凉和社会底层人民的苦难。之后，他又学会了速记，充当速记员。1834年，22岁的狄更斯应聘《记事晨报》，当了记者，专门到法院、议会中去采访。在此期间，狄更斯接触到英国社会上层，也进一步熟悉了伦敦中、下层各种人物的生活，这为他以后从事文学创作提供了十分宝贵的社会经验，积累了不少有用的素材。

与此同时，狄更斯仍不忘读书。他经常出入伦敦大英博物馆，孜孜不倦地钻研书本，以弥补学校教育的不足。这时，狄更斯开始获得比较优厚的薪金，终于摆脱了少年时代的贫困和屈辱生活。

此前的1832年，20岁的狄更斯曾第一次在杂志投稿成功。此后，他以“波兹”的笔名，又连续写了许多篇描写伦敦风土人情、城市风貌和各种人物的特写，分期发表在《记事晨报》上。1836年2月7日，24岁生日那天，狄更斯把这些特写汇编成《特写集》出版，年底又出版了第二集。《特写集》的内容有讽刺中小资产阶级的庸俗和趋炎附势的，有揭露议会、法院和慈善团体的黑暗与虚伪的，也有赞美当时的城市生活的。这些小说在结构上还显得松散、拖沓，但它把平民作为主人公是前所未有的，因而很受伦敦广大市民的欢迎。这些成绩初步显露出狄更斯的写作才能，使他树立了当一个作家的信心。从此，他放弃记者工作，专门从事文学创作。

狄更斯的第一部长篇小说《匹克威克外传》的面市，使他成了英国文坛的红人，不少报刊、出版社纷纷向他约稿。于是狄更斯第二部长篇

• 《雾都孤儿》（第一版）

小说《雾都孤儿》从1837年2月开始在《边特莱氏杂志》上连载。《雾都孤儿》成书于1838年，是作者早期创作中最重要的一部社会小说。狄更斯在这部小说里第一次把读者带进了贫困与痛苦的世界，展现了社会底层可怕的生活画面，并宣扬了善有善报、恶有恶报的道德观念。

狄更斯日夜不停地写作。为了从现实中汲取创作素材，他每到夜晚，不论刮风下雨，总在伦敦街头漫步，观察首都街头巷尾的人群和五光十色的商店招牌和广告，倾听人们的谈话，看到衣衫褴褛的人，就跟着他们穿过小巷进入下等公寓或旅馆了解他们的生活，事后把所见所闻和想到的一切记录下来。

《雾都孤儿》发表以后，狄更斯还写了《尼古拉斯·尼克尔贝》（1839）、《老古玩店》（1841）和《巴纳比·拉奇》（1841）等长篇小说。其中，《老古玩店》最为成功，使狄更斯的声望更高了。

狄更斯早期创作的这几部长篇小说，表明了他一开始就把描写现实生活、揭露社会丑恶作为自己写作的首要任务。但是这些揭露还只是停留在现象上，没有深入揭示造成这些丑恶现象的社会根源。狄更斯把好人受欺负的责任归咎于个别坏人或某些法律条文，几乎所有受难的善良人物，总会得到好心人的搭救，并以皆大欢喜的大团圆作为结局。在创作艺术手法上，他善于抓住人物性格中的某一特点加以夸张，使性格突出、形象鲜明；幽默讽刺的手法运用得很熟练。这些特色既给他带来声誉，也受到不少评论家的责难。

三、硕果累累

汹涌澎湃的宪章运动[1]揭露出来的种种触目惊心的社会罪恶，深深地影响着狄更斯，从而使他对社会问题更加关切，观察更加细致、深刻。第一个新型共和国——美国对他有着强烈的吸引力。于是，狄更斯于1842年1月3日离开英国，前往美国访问。一踏上美国波士顿码头，狄更斯就受到热心的美国读者的欢迎。他为自己的作品能在这块新大陆上获得如此强烈的反响而感到惊喜。狄更斯在美国待了4个多月，从波士顿南行，访问了纽约、费城，经过巴尔的摩、华盛顿、匹兹堡、圣路易斯等城市，参观了中西部大草原和世界闻名的尼亚加拉大瀑布，最后由纽约乘船回国。归国后写出了特写集《美国札记》和长篇小说《马丁·朱述尔维特》。

《美国札记》（1842）真实地记录了狄更斯在美国的见闻，衷心地赞扬这个新共和国的新气象，表达了他对自由与和平的渴望。书中也反映了体现民主精神的美国国会中的尔虞我诈、勾心斗角。令狄更斯不能容忍的是，美国当时有的地区还保留着蓄奴制度。《马丁·朱述尔维特》（1844）通过青年主人公马丁·朱述尔维特在美国游历时的见闻，进一步展开对美国社会的揭露。小说揭示出，在美国金钱崇拜高于一切，指出那里的人们所有的兴趣、希望、快乐、感情和道德，似乎都融成一块块的金钱。

之后，狄更斯又着手创作一组《圣诞故事集》（1843～1848），包括《圣诞欢歌》《灶边蟋蟀》《生命的战斗》和《着魔的人》等。《圣诞故事集》集中反映了狄更斯的人道主义、博爱精神。它真实地描写了广大人民的困苦生活，鞭挞了除了钱柜、账簿和发票以外没有任何人的感情的

---

① 宪章运动是19世纪30～50年代英国发生的争取实现“人民宪章”的工人运动。这一运动对英国社会发展有着重大影响，迫使统治阶级接受“人民宪章”的某些民主要求。

资产者。小说还竭力宣扬“圣诞节精神”，即人与人之间要互相信任、互相爱护，要使人间充满欢乐、友爱和幸福。

《圣诞故事集》流传虽广，但没有使狄更斯获得经济上的成功。他为了减少庞大的生活开支，也为了休养身心，决定旅居国外，先在意大利（1844～1845），后来又到瑞士和法国（1846～1847）。在巴黎，狄更斯参观了著名的卢浮宫美术馆、凡尔赛宫、巴士底监狱遗址。在旅居巴黎期间，狄更斯开始写作长篇小说《董贝父子》（1848）。

《董贝父子》是狄更斯创作上的转折点。作品揭露了资本主义制度本身不可克服的矛盾和遵循的利润高于一切的原则。主人公伦敦大商行董贝父子公司的老板董贝先生，为人傲慢，有着铁石般的心肠。他用“金钱可以买到一切”的思想教育儿子。通过这个人物，作品讽刺了有产者傲慢自大、冷酷无情、唯金钱是图的丑态。小说还真实地反映了19世纪三四十年代英国工业资本主义发展后社会生活的变化，如铁路的发达、城镇面貌的改变等。

《董贝父子》出版后获得成功，狄更斯重新回到伦敦，满怀信心地准备创作更多更好的作品。

四、享誉世界

19世纪50年代以后，狄更斯对社会的认识不断深化，作品反映的社会生活也更加广阔，艺术风格也有了与前不同的特色。作者善于运用典型的细节表现人物的特征：在着力描写小人物善良、温情和道德感化力量的同时，对社会制度作了具有强烈感染力的艺术概括。

1850年发表的长篇小说《大卫·科波菲尔》，是狄更斯的重要作品之一。这是一部带有自传性质的作品。小说中的许多人物和故事，都是根据狄更斯个人的经历或自己生活中熟悉的人物和故事写成的。它通过对一个孤儿的不幸遭遇描绘了一幅广阔的社会画面，揭露了资产阶级对劳动人民的剥削、司法界的黑暗和议会对人民的欺压。作品塑造了不同阶层的典型人物，特别是劳动者的形象，表现了作者对弱势群体的同情。作者还企图通过大卫·科波菲尔的最后成功，来鼓舞人们保持对生活的信心。

《大卫·科波菲尔》获得了前所未有的成功，很快被译成许多国家的文字。从此以后，狄更斯不仅是英国的大作家，而且成了当时英国唯一被人们崇拜的偶像，成为名传欧美两大洲的杰出小说家。

成为名作家以后的狄更斯并没有满足，“如果我吝惜我自己，我就要生锈、分裂和死亡”。他下定决心，用更多更好的作品继续对社会问题、对人间弊病进行批判和鞭挞。

1853年，又一部长篇小说《荒凉山庄》问世了。这是一部集中抨击司法制度腐败和贵族昏庸没落的小说。它描写了一件争夺遗产的诉讼案，由于司法人员从中营私，竟拖延20年之久。仅诉讼费就把一对青年男女所应继承的遗产全部花光，弄得当事人家破人亡，倾家荡产。

《小杜丽》（1857）是狄更斯继《荒凉山庄》之后对英国司法制度和社会丑恶现象进行深入批判的另一力作。女主人公小杜丽，出生在马夏西债务人监狱。她对被拘禁在监狱里的父亲竭尽孝道，努力减轻他的痛苦。后来，一个意外的机会使小杜丽的父亲变成一笔巨额财产的继承人，一跃而成为富翁，出了狱。从此，一家人除了小杜丽外，都变得傲慢、自私、盛气凌人。小说对残酷无情的克伦南姆夫人、贪财的主教加斯贝、用漂亮外衣掩盖肮脏灵魂的银行家麦多尔等人，做了淋漓尽致的揭露。

1859年，狄更斯后期创作中最著名的小说《双城记》发表。作品以18世纪法国大革命前后，英、法两国社会生活为背景，具体描写了封建贵族生活上的豪华奢侈、政治上的滥施淫威、经济上的残酷压榨，真实地展现了城市贫民和广大农民的悲惨生活。小说以法国大革命的历史经验为借鉴，给英国统治阶级敲响警钟。同时，通过对革命“恐怖”的极端描写，狄更斯警告英国统治者要从中吸取教训，收敛淫威，实行社会改良，以缓和矛盾，避免法国暴力革命的重演。

狄更斯对英国社会的失望情绪，在1861年发表的《远大前程》中得到更加鲜明的反映。小说主人公匹普从小父母双亡，靠做铁匠的姐夫抚养长大，后来，他受雇于地主郝薇香家。在那里，匹普爱上了郝薇香的养女、美丽而又骄傲的艾丝黛拉。他为了得到她的爱情，一心想做“上等人”。他无意中救的一个逃犯在国外发了财，为报答他，愿送他去伦敦接受“上等人”的教育。匹普喜出望外，认为自己的“远大前程”即将变为现实。不久，这个逃犯被抓，艾丝黛拉嫁人，他只好到海外谋生。11年后，匹普回国探望姐夫。在已“死去”的郝薇香的庄园里，偶然碰见婚后备受摧残、已经成为寡妇的艾丝黛拉。两个饱经沧桑的情人终归于好，并离开了这个吞噬他们两人幸福的伤心地。

• 狄更斯写作《远大前程》使用的书桌、椅

狄更斯完成的最后一部小说是《我们共同的朋友》(1865)。被父亲驱逐在外的约翰·哈尔蒙，在父亲死后回到英国等待接受遗产。按遗嘱规定，他要跟一个不认识的女子蓓拉结婚。哈尔蒙为了要了解未婚妻的为人，将他回国的消息秘而不宣。他化名充当秘书，暗中查访，了解蓓拉的为人后，才宣布身份，缔结良缘。小说揭露了金钱和优裕生活对人性的危害，揭示了社会秩序的混乱和道德的堕落，并成功地塑造了一个保守、自大、麻木不仁的资产者的形象。

五、巨星陨落

狄更斯不仅是一个杰出的小说家，还是闻名欧美的朗诵表演艺术家。19世纪40年代末，当狄更斯从欧洲大陆返回伦敦后，由于一些慈善团体邀他参加表演，使他演戏、朗诵的才能有了展现的机会。他和几个朋友一起，筹备演出了英国作家本·琼生的剧本《各得其所》。狄更斯不仅担任主角，还兼任导演、舞台监督和后台工作人员。演出获得了巨大成功，由于不少慈善团体纷纷邀请他们再次演出，这个同人剧团就不得不到外省市去巡回演出了。过度的兴奋和劳累损害了他的健康，使他得了严重的头痛病和眼病。

朗诵表演使狄更斯了解了读者，也了解了自己所从事的文艺工作的巨大价值。听众的赞扬，读者的喜爱，使狄更斯更加热衷于朗诵表演。为了取得更好的效果，他每一次都要做认真的准备。在旅途中，在休息时，狄更斯都在熟悉朗诵的内容，斟酌怎样用声音更好地塑造各式各样的人物性格，他倾注了全部精力去诵读他自己的作品。在《双城记》《远大前程》《我们共同的朋友》等小说的创作过程中，狄更斯一面紧张地写作，一面又频繁外出朗诵，有时甚至需要长距离步行或翻山越岭，极度的疲劳，严重地损害了他的健康。

狄更斯的声誉远涉重洋，美国观众也热情邀请他去美国巡回朗诵。这样，狄更斯于1867年11月再度访美并演出，美国听众狂热地欢迎他，人们甚至睡在售票处窗外的凳子上，等待次日购买入场券。小会堂不能满足观众的要求时，演出地点就改在大教堂。

狄更斯在美国待了5个多月，举行了370多次朗诵会，平均一天要登台两次，弄得他筋疲力尽。为了应付这种紧张的演出活动，他只好白天谢绝一切社交，躺在沙发上强迫自己休息。由于感冒、脚肿、失眠、鼻膜炎等疾病的袭扰，他不得不结束在美国的演出。

回到英国后，由于身体实在虚弱，狄更斯不得不准备作最后一场告别朗诵会。朗诵感动了广大听众，但狄更斯的身体却经不起过分的紧张和兴奋，朗诵一结束，脉搏的跳动急剧加快。

1870年6月9日，狄更斯在盖茨山寓所写作了一整天。同住的亲戚注意到他的脸色十分难看，连忙叫他躺下。他整夜昏迷不醒，第二天早晨就离开了人世，享年58岁。英国人民为失去这样一位伟大作家而全国举哀。狄更斯的形象和他的许多光辉著作，将永远活在世界人民的心中。

陀思妥耶夫斯基

——一个被称为“残酷的天才”的人

他是一个赌徒，一个癫痫病患者，更是一位才华横溢的文学巨匠。他以沉重的文字和抑郁的笔调，表现了资本主义兴起时代的典型特征——贫与富的尖锐对立、金钱的罪恶、家庭关系的毁坏、犯罪现象的增多等。他满怀同情地描写了生活在社会底层的人的苦难，这种描写具有极大的艺术力量，使人读他的作品感到不寒而栗。他为世界文学史提供了一个独具魅力的“被侮辱与损害”的人物画廊。他就是陀思妥耶夫斯基。

一、从少年到大学

1821年11月11日，费道尔·米哈伊洛维奇·陀思妥耶夫斯基（Фёдор Миха·йлович Достое·вский，1821～1881）生于莫斯科一个医生家庭。1827年，身为医务部门低级官员的父亲晋升为八级文官，从而获得了贵族身份，并享有世袭领地的特权。1831年，父亲在距莫斯科150俄里（约160千米）的图拉省卡舍尔县购置了庄园。夏天，全家来庄园避暑。在庄园里，陀思妥耶夫斯基首次接触到农奴，他们生活贫困的悲惨画面，使他铭记终生。

母亲是位有很高文化修养的妇女，酷爱诗歌，崇拜作家茹科夫斯基和诗人普希金。她非常喜欢阅读小说，也很有音乐天赋。她还擅长弹吉他，常常自弹自唱一些浪漫歌曲和抒情歌曲。她是自己孩子们的第一位老师。奶妈阿廖娜·弗罗洛夫娜，也经常给孩子们讲述大智大勇的奥斯特罗杜姆和民间诗歌中其他英雄人物的故事。童年时代的陀思妥耶夫斯基，便已接受了文学的熏陶。

1834年，父亲把陀思妥耶夫斯基和他的哥哥米哈伊尔送到莫斯科一所寄宿学校读书。兄弟二人开始阅读浪漫主义诗人茹科夫斯基以及普希金的作品，甚至接触了英国浪漫主义小说家司各特的作品。虽然陀思妥耶夫斯基兄弟对文学发生了浓厚兴趣，但父亲却准备给他们安排另一种生活道路，把他们送到圣彼得堡军事工程学校去学习。

1838～1843年间，陀思妥耶夫斯基在这里熬过了痛苦的5年。学校的课程他一点儿兴趣也没有。学校里严酷的兵营生活、森严的等级制度和无休止的军事训练，使他痛苦难忍。在军事工程学校学习期间，陀思妥耶夫斯基对文学的兴趣更加浓厚。他不仅阅读普希金、果戈理等人的作品，而且广泛接触了莎士比亚、席勒、歌德、雨果、巴尔扎克等西欧作家的著作。

在这个时期，陀思妥耶夫斯基还尝试着写作。他的第一部公开发表的作品，也是他的成名作《穷人》，就是在工程学校学习的最后几年构思并开始写作的。1843年8月，陀思妥耶夫斯基终于在军事工程学校毕业，被授予工程兵准尉军衔，入职工程部制图局。

二、初涉文学显才华

陀思妥耶夫斯基想获得更多“自由”，以充分施展自己的文学才能，可是他首先要能生存。本来不高的薪俸，加上不善于安排收支，很快就有了亏空，债台高筑。他不得不另寻生财之道，利用公余时间从事翻译工作。1844年10月，他被晋升为少尉，他趁这个机会呈请了退职。

退职后的陀思妥耶夫斯基时间多了，但钱却少了。他失去固定收

• 陀思妥耶夫斯基雕像

人，生活愈加困难。他继承着果戈理维护“小人物”的人道主义传统，一开始就把注意力集中在城市底层的穷人身上，为那些被践踏、遭凌辱的贫民请命。他在第一部小说《穷人》中，怀着对这些颠沛无告的人们的深切同情，展示了贫民窟里悲惨的生活。

别林斯基高度赞扬了《穷人》，认为它的作者有“天赋”，并会“成为一个伟大的作家”。1846年1月，涅克拉索夫主编的《圣彼得堡文集》出版，其中以显著的位置刊登了陀思妥耶夫斯基的长篇小说《穷人》。别林斯基发表文章，用大量篇幅分析了《穷人》，认为这部作品是俄国进步文学的重大成就。

陀思妥耶夫斯基在一片赞扬声中却走向了另一极端。他觉得自己是个超凡出众的天才，处处要高人一头。可是别人并不买他的账，于是有关他的各种流言蜚语不胫而走。他的第二部作品《二重人格》，由于艺术上的不成熟，而遭到别林斯基的根本否定。

从1847年起，陀思妥耶夫斯基开始参加彼得拉舍夫斯基家的活动。不久，在这个革命团体内部又和一些人建立了一个更加秘密的小组，并且积极参加筹建地下印刷所的工作。别林斯基于7月15日写了著名的《致果戈理的信》，站在广大农民的立场上提出了俄国革命的三项最低纲领：“废除农奴制度，取消体刑，尽可能严格地执行现有的法律。”这封信以手抄本的形式在进步青年中广泛流传，成了革命思想界公认的政治纲领。

陀思妥耶夫斯基同情穷人，反对人与人之间的不平等，因此把别林斯基致果戈理的信奉为至宝。他弄到一份手抄本，拿到彼得拉舍夫斯基小组的集会上朗读。这一行动导致沙皇政府的疯狂迫害。

1848年4月23日清晨4点，陀思妥耶夫斯基被押上马车，与他同时被捕的有彼得拉舍夫斯基及其小组成员30多人。军事法庭在没有掌握充分证据的情况下，于11月16日草草宣判：陀思妥耶夫斯基被判处死刑，立即执行枪决。就在刑场上，侍从武官宣读了沙皇的特赦令：陀思妥耶夫斯基由死刑改为四年苦役，充军西伯利亚；其他人也都照例减刑。

陀思妥耶夫斯基虽然活下来了，但严峻的苦役和充军在等待着他。

三、“死屋”十年

1849年12月24日，陀思妥耶夫斯基和其他难友一起被押往西伯利亚苦役地。他告别了到狱中来探望他的哥哥和亲友，披枷戴锁，乘上雪橇，在风雪弥漫中离开圣彼得堡，向着遥远的西伯利亚进发。途中在交接站托波里斯克停留数天后，他被分派到鄂姆斯克要塞。

但丁的《神曲·地狱篇》中，地狱的入口写着“死屋”两个大字。陀思妥耶夫斯基就把它借用来称呼苦役监狱。他戴着镣铐，在“死屋”里度过了四年多的时间。这位全俄知名的作家被剥夺了一切称号和权利，经受种种折磨和屈辱。陀思妥耶夫斯基在到达鄂姆斯克要塞以后，看到监狱里阴森恐怖的情景，神经受到严重刺激，就昏了过去，口吐白沫，四肢抽搐，患上了癫痫症。

四年多的苦役生活是难以想象的。对于囚徒来说，他们连最起码的人格尊严都被剥夺了，像牛马一样地做着苦工，随时都要受到酷刑。而对于陀思妥耶夫斯基来说，比肉体上的痛苦更难以忍受的是精神上的摧残。要塞高大的城墙把这里的生活与广阔自由的天地完全隔绝，每天看到的仅仅是头顶上一小块灰色的天空和周围那些被剃掉了半边头发的愁苦的面孔，听到的只是镣铐声和绝望的呻吟……

1854年3月2日，陀思妥耶夫斯基在鄂姆斯克苦役监狱服刑期满，获得释放。他离开监狱时头脑里装着丰富的创作素材和新作品的构思，但同时身上也带着可怕的癫痫病症。

出狱后的“自由”是极其有限的。陀思妥耶夫斯基还要服兵役，而且是无期限的。他被发配到谢米帕拉廷斯克，在西伯利亚第七常备营里当列兵。严峻的兵营生活，没完没了的操练和站岗值勤，对长官的绝对服从，这一切对于作家来说都沉重难熬；而且稍不留心，就要受到鞭挞，浑身被打得皮开肉绽，鲜血淋淋。总之，兵营并不比苦役监狱好多少，仍然是一座“死屋”。

就这样挨过了两年半的时间，1856年10月，陀思妥耶夫斯基晋升为少尉。从此，他在兵营外面有了自己的住宅，可以和熟人、朋友进行交往。最使他欣慰的是有了写作的可能，他着手创作《死屋手记》。

1858年初，陀思妥耶夫斯基申请因病退伍，要求定居莫斯科。1859年4月获准退役，移居特维尔。这时，他完全恢复了写作生涯。

四、重返文坛

圣彼得堡热烈地欢迎了陀思妥耶夫斯基。他创作于19世纪40年代的作品被淹没了10年之后，再版问世。人们对《穷人》的兴趣不减当年。1860～1861年，陀思妥耶夫斯基的两部大型作品《死屋手记》和《被侮辱与被损害的》相继问世，立即引起读者和评论界的好评。

《死屋手记》是世界文学中揭露暗无天日的监狱生活最优秀的作品之一。它是根据作者自己的亲身经历，以手记形式真实地再现了苦役监狱里令人恐怖战栗的生活。在这些处境可

• 陀思妥耶夫斯基全集

怕、身心备受摧残的苦役犯中，大部分是农民或农民出身的士兵，他们多数是善良、纯朴、虔诚的人，是为了反抗压迫和迫害才犯了罪的。

囚徒们也是人，他们也有人格尊严。“不管烙印、脚镣、手铐都不能使他们忘记自己是个人……因此必须以对人的态度对待他们”。这是陀思妥耶夫斯基写作《死屋手记》的主旨，是他对沙皇反动的暴力统治提出的愤怒抗议。后来，托尔斯泰读过《死屋手记》之后说：“我真不知道在全部新的文学作品中，连普希金也算在内，还有比这更好的一部书。”

《被侮辱与被损害的》是一部再现“小人物”悲剧命运的长篇小说，反映了资本主义发展时期社会的堕落。小说叙述了资产阶级冒险家瓦尔科夫斯基公爵，为自己的利益破坏了工厂主史密斯和小地主伊赫曼耶夫两个家庭的故事。作者以同情的笔触描绘了娜塔莎和涅莉等“被侮辱与被损害的”的形象，向社会发出强烈的诅咒。

瓦尔科夫斯基公爵是陀思妥耶夫斯基创作的一系列恶棍之一。他只承认自己无休止的欲望，为满足这种欲望不惜采取任何手段。他供认：“一切，整个世界都是为我而创造的……生活是一种商业勾当……我喜欢权势、官衔、漂亮的住宅……我从来没有为什么事情受过良心责备。”

1862年夏天，陀思妥耶夫斯基首次去国外旅行，到了英、法、德等比较发达的国家。旅行归来后，他根据国外见闻写了《冬天记的夏天印象》一书，描写了西欧的资本主义现实，明确表达了自己对俄国农奴制废除以后日益发展起来的资本主义的态度。然而陀思妥耶夫斯基只看到了资本主义剥削的残酷性，却没有看到这种社会制度与封建制度相比的进步性。

1862年7月，沙皇政府逮捕了车尔尼雪夫斯基，封闭了《现代人》杂志。陀思妥耶夫斯基的《时间》也没有逃脱反动势力的迫害。1863年5月，这家杂志由于发表的文章涉及沙皇政府残酷镇压波兰起义的问题而遭到查封。

1864年4月，陀思妥耶夫斯基的妻子患病而死，接着他的哥哥又离开人世，留下了一家老小，在经济上异常困窘，负债累累，在精神上痛苦不堪。他几乎完全陷入绝境。这时出版商斯杰洛夫斯基说，他愿意购买陀思妥耶夫斯基所有的著作版权，出价3000卢布为他还债，但有一个条件，就是陀思妥耶夫斯基还要交出一部新小说给他印行，限期半年交稿；如果到期不交，他以前的全部著作版权将永远归出版商所有。

陀思妥耶夫斯基急于摆脱困境，就答应下来。可是他这时正全力以赴地赶写《罪与罚》，根本抽不出时间和精力来写另一部小说。于是经人介绍，他聘请了速记学校的高才生安娜·格里高利耶芙娜·斯尼特金娜帮他。他每天晚上打好腹稿，第二天向速记员口述。速记员把速记下来的文稿带回家去整理，次日把整理好的文稿带给作家。这样，共用26天的时间，一部符合出版商条件的新小说完成了，这就是《赌徒》。

小说完成以后，陀思妥耶夫斯基向安娜求婚，他们于1865年2月15日举行了结婚典礼。这时，陀思妥耶夫斯基46岁，安娜21岁。

婚后不久，陀思妥耶夫夫妇就出国旅行去了。陀思妥耶夫斯基与安娜结婚直到逝世的14年，是他文学创作最高产的时期，他的全部著作中有一半以上是这个时期写成的，其中有着安娜的一份功劳。

幸福之中也有苦恼。他在和安娜结婚前几年，因为精神空虚，生活穷困，染上了不良嗜好——赌博。他梦想从赌桌上赢钱，还清债务，但往往会输得精光，有时连付房租和日常开销的钱也拿不出来。他自己也承认，如果再这样下去，他的才能就会“毁灭尽净”。1871年，他大输了一场，从此终于下决心戒了赌。

陀思妥耶夫斯基夫妇旅居国外四年多，于1871年7月回到圣彼得堡。

五、享誉世界

1865年，陀思妥耶夫斯基发表了长篇小说《罪与罚》。这是一部给他带来世界声誉的作品，思想艺术成就都达到了前所未有的高度。

陀思妥耶夫斯基最后10年中，常年住在圣彼得堡，有时也到斯塔罗鲁萨去住些时候。他戒了赌博，过着比较安静的生活，全力以赴地从事写作。

这个时期的主要作品有《魔鬼》《少年》《卡拉马佐夫兄弟》三部长

• 陀思妥耶夫斯基故居，作家在这儿写作长篇小说《卡拉马佐夫兄弟》

篇小说。

1881年初，由于安娜的多年努力，陀思妥耶夫斯基终于偿清了长期压在身上的债务，纠缠了他一生的贫困略有减轻，可是他的健康情况却恶化了，肺部血管非常脆弱。一天夜里，写稿时笔掉到书箱下面，他去搬动书箱，由于用力过猛，肺部血管破裂，血从喉咙涌出。当时他没有在意，可是后来血流不止，终于医治无效，于2月9日与世长辞。

陀思妥耶夫斯基死后，遗体在家停放两天。吊唁的人群像潮涌一般，有的为死者朗诵赞美诗，有的为他守灵。举行安葬仪式时，数万群众跟在灵车后面。他的遗体安葬在吉赫文斯克公墓，与他童年时所喜爱的诗人茹科夫斯基并排在一起。

陀思妥耶夫斯基的一生遍尝了人间的各种苦难：贫穷、疾病、坐牢、苦役、充军，乃至死刑处决前的恐怖。但他的伟大之处在于他一生始终不渝地深切地同情穷苦的人们，为他们的悲惨命运而痛心疾首，深刻地揭发、控诉了侮辱和损害他们的社会制度，并为解脱他们的厄运而艰苦地寻求出路。

陀思妥耶夫斯基作为一个艺术家是伟大的，他以其罕见的才华震撼了全世界。他在文学史上可与托尔斯泰并驾齐驱。他的创作不仅体现了批判现实主义的基本特点，而且开启了20世纪现代派文学的先河，其影响至今不衰。

诺贝尔

——一个生前身后都在促进科学发展的人

每年12月10日，全世界的目光都会聚焦到瑞典斯德哥尔摩和奥斯陆。一年一度的诺贝尔奖颁奖仪式将在这两个城市举行。从1901年开始，每年颁发物理学、化学、生理学或医学、文学与和平事业五项奖金。1969年，增设了经济学奖金。这些奖项已成为该领域的最高荣誉。这些奖项的设立与一个人的科学活动及创业有关，此人就是诺贝尔。

一、自学成才

1833年10月21日，艾尔弗雷德·伯哈德·诺贝尔（Alfred Bernhard Nobel，1833～1896）诞生于瑞典首都斯德哥尔摩。这里依山傍水，景色秀丽。每当风和日丽的时候，诺贝尔总喜欢独自到田野、小丘、河边去，静静地把自己融入大自然中。

父亲伊默纽尔·诺贝尔，自小聪明过人，不愿意坐在教室里读死书，而是喜欢冒险，并喜欢搞一些发明。1828年，伊默纽尔·诺贝尔发明了“诺贝尔机械运动”，并获得了专利权，从此，他作为一个发明家而初露头角。母亲卡罗莱娜·安德里特·阿尔塞尔是典型的贤妻良母，

• 瑞典诺贝尔故居

她讲求实际、乐观豁达、谦虚有礼。母亲的优秀品德，父亲的发明创造精神，都强烈地影响着孩子，诺贝尔在不知不觉中萌发了献身科学的理想。

在诺贝尔4岁的时候，老诺贝尔离开了妻儿和祖国，到芬兰谋生。不久，又到了俄国。在那里，他发明了水雷，受到俄国皇室的重用。

1841年秋，8岁的诺贝尔进了雅克布斯小学。在学校里，他学习努力，经常名列前茅。不过，他在这里只念了一个学期。由于父亲在俄国找到了工作，全家就搬到圣彼得堡。

移居俄国后，9岁的诺贝尔因不懂俄语，身体又不好，不能进当地学校。父亲请了一位家庭教师，辅导他兄弟三人学习文化。从此，诺贝尔再也没有进过任何学校。他的学问，全靠自学得来的。

诺贝尔跟着父亲，看父亲设计和研制水雷和炸药，耳濡目染，在他幼小的心灵中，萌生了对炸药的兴趣。

父亲在美国有一位朋友，名叫约翰·埃里克森。他是瑞典海军工程师，曾发明热式发动机，还改进了螺旋桨推进器。后来，他设计了一种新型船舰，在美国南北战争中发挥了极大的作用，埃里克森也因此而扬名。埃里克森的这些技术，正是诺贝尔父亲在圣彼得堡的机器工厂所需要的。因此，父亲决定让诺贝尔去美国，学习某些设计的思路，顺便考察各国最新的科学和技术。

1850年，17岁的诺贝尔首先到了德国。后来，又经过丹麦、意大利来到法国的首都巴黎。在巴黎，他白天访问各大学的研究所，参观各种实验，同结识的科学家、大学生交流心得并学习新的科技。夜晚，他读喜爱的文学作品。就这样，诺贝尔既学习了先进的科学技术，又提高了自己的文学修养。

在巴黎度过了一年多美好时光后，诺贝尔来到了美国纽约，找到了父亲的好友埃里克森。埃里克森热情地接待了他，并向他传授了各种有关机械制造的技术，还领他来到自己的实验室参观。这对于求知欲极强的诺贝尔来说，如久旱逢甘霖，科学的乐趣彻底征服了他。他下定决心，要成为一名优秀的科学工作者。

两年后的诺贝尔，已长大成人。他经过了科学训练，人生观也逐渐成熟。他认为，自己应该用发明创造来为人类造福了。

二、牛刀初试

19世纪五六十年代，欧洲正处于工业大发展的前夜。蒸汽机的发明，从动力上解决了工业发展的技术前提，但是工业所需要的燃料和原料的开采，为工业服务的运输业中的隧道开挖、河道清理等，迫切要求高效的炸药，而传统的黑色火药，威力小，又不易引燃导爆，远远满足不了工业发展的需要。

1859年，诺贝尔随父亲回到瑞典。当时，许多国家迫切要求发展采矿业，而要加快采掘速度，炸药就成了一个急待解决的大问题。了解各国工业状况的诺贝尔，坚定了改进炸药生产的决心。

在诺贝尔之前，很多人研究和制造过炸药。1847年，意大利人索布雷罗发明了硝化甘油。这是一种威力比黑色火药大得多的猛烈炸药，但是这种炸药特别敏感，容易爆炸，制造、存放和运输都很危险。在实验过程中，索布雷罗的实验室全部被炸毁，他的脸部也受了重伤。诺贝尔从杂志上看到了索布雷罗所写的关于硝化甘油的论文。在论文中，索布雷罗除了大段大段地讲述硝化甘油的性质及可做治疗心脏病的药物之外，还谈到了那次爆炸。他写道："这种液体会因加热或震动而爆炸，将来能做什么用途，只有将来的实验能告诉我们。"索布雷罗的这段话，引起了诺贝尔的注意。

从此以后，诺贝尔便和硝化甘油结下了不解之缘。而且，他后来所有与炸药有关的重大发明，都是以硝化甘油为基础的。①

硝化甘油既容易自行爆炸，又不容易按照人的要求爆炸，所以在发明以后的十几年间，除了用来治疗心绞痛外，并没有人把它当炸药用。诺贝尔所遇到的第一个大问题是如何引爆硝化甘油。针对这个关键性问题，他进行了反复实验，但仍然没能找到一种合适的引爆方法。

1862年的五六月间，诺贝尔做了一次十分重要的实验：他在一个小玻璃管内盛满硝化甘油，塞紧管口；然后，把这个玻璃管放入一个稍大一点的金属管内，里面装满黑色火药，插入一支导火管，把金属管口塞紧；点燃导火管后，把金属管扔入水沟。结果，发生了剧烈的爆炸，显然比同等数量的黑色火药的爆炸要猛烈得多。这表明所有的硝化甘油已经完全爆炸。

这个情况启发了诺贝尔，他认识到：在密封容器内，少量的黑色火药先爆炸，可以引起分隔开的硝化甘油完全爆炸。这样，诺贝尔终于找到了引爆硝化甘油的办法。

1863年秋，诺贝尔和弟弟一起，在斯德哥尔摩海伦坡建立了一所实验室，从事硝化甘油的制造和研究。经过多次的试验，年底，诺贝尔终于发明了使硝化甘油爆炸的有效方法。

一天，“轰”然一声巨响，恰似天崩地裂。许多人闻声赶来。可是这时，诺贝尔却从烟雾弥漫的瓦砾堆中爬了出来。他满身灰尘，鲜血淋漓。大家都在担心他的伤势，要送他去住院。他却一跃而起，用血污的手拍拍破碎的工作服，高兴得热泪盈眶，狂呼：“我成功了！我成功了！”

这就是他在1863年完成的第一项具有划时代意义的发明，这种炸药的最初组成方式是：液态硝化甘油装在一个金属管或其他密闭的筒状物内。在这种密闭容器内，放进一个装有黑色火药的小木管，再从小木管的盖子上塞入一根导火线。点燃导火线，使小木管内的黑色火药爆炸，

① 诺贝尔发迹后，为了感谢硝化甘油的发明者索布雷罗，曾经以优厚的薪金聘请他为瑞士和意大利诺贝尔工厂的顾问，直到他去世为止。

最后引爆整个炸药。以后，诺贝尔又对这种炸药作过多次改进，并且在1865年，用雷酸汞代替黑色火药引爆，这就是后来一直沿用的雷管。

雷管不仅可以引发硝化甘油爆炸，而且可以很容易地使任何火药都确凿无误地爆炸。诺贝尔的这一发明对以后的爆破技术起到了无可比拟的巨大作用，在人类发明史上留下了光辉的一页。

1863年12月，诺贝尔认为雷管引爆技术已经可以实用，于是宣布在斯德哥尔摩的奥梅贝里铅矿进行公开实验，结果实验取得巨大成功，坚硬的花岗岩被炸得粉碎。随后，在各处进行的爆破也都获得成功。

诺贝尔把这种威力巨大的新炸药命名为“硝化甘油炸药”。瑞典、法国、英国以及其他一些国家获得了生产专利权。各国订货源源不断，在一位实业家的资助下，诺贝尔又新建了厂房。

三、走向辉煌

1865年春，诺贝尔来到德国汉堡，在当地的几位实业家的资助下，世界上第一座正规的硝化甘油炸药厂建成了。诺贝尔看到自己与父亲合力开发的硝化甘油炸药已经在矿山的开采、隧道的挖掘、公路和铁路修建等方面得到了广泛的应用。他觉得为人类社会的进步，正在贡献出自己的一份力量，感到十分欣慰。

然而事情并非总是一帆风顺的。世界各国都有硝化甘油爆炸事故发生：

美国的一列火车，因炸药爆炸，炸成了一堆废铁；德国的一家工厂，因炸药爆炸，厂房和附近民房，全部变成一片废墟；“欧罗巴”号海轮，在大西洋上遇到大风颠簸，引起硝化甘油爆炸，船沉人亡……

这么一来，诺贝尔工厂的信誉扫地，人们纷纷要求诺贝尔赔偿损失。英国政府颁布命令禁止生产、销售和运输硝化甘油，法国、葡萄牙政府也相继发布了类似的禁令。人们纷纷指责诺贝尔，指责那位首先发现硝化甘油的索布雷罗，并把诺贝尔称为“贩卖死亡之神的商人”！

对于接二连三的爆炸事故，诺贝尔当然是痛心疾首。不过，他并没有灰心。他想：硝化甘油炸毁了仓库和轮船，这本身就说明硝化甘油具有很强大的摧毁力，是一种很好的炸药。问题是如何寻找一种方法，使硝化甘油变得“听话”——平时不爆炸，只有在起爆时才爆炸。

一次偶然的事件，使诺贝尔想到了用一种别的物质把硝化甘油吸进去，这样既能保持硝化甘油的爆炸威力，又保证了安全。他开始用想得到的各种物质，做能把硝化甘油吸收的实验。他使用过纸、木粉、煤粉、砖粉、干土、石膏粉、木炭粉、硅藻土等。最后，他发现将硅藻土与硝化甘油结合在一起效果最好。他用一份重的硅藻土，去吸收三份重的硝化甘油，第一次制成了运输和使用都很安全的硝化甘油炸药。这就是诺贝尔安全炸药。

为了保险起见，他做了各种试验：首先把它从高处扔下来，没有任何问题；又把它放在铁板上，用铁锤砸，仍然没有问题。在各种摔、打、砸实验之后，诺贝尔终于对这种新炸药的安全问题放心了。就这样，一种威力大、易搬运、安全可靠的“安全硝化甘油炸药”问世了。诺贝尔把这种新炸药命名为“达纳炸药”。“达纳”也就是希腊语中“力量”的意思。

为了消除人们对硝化甘油炸药的怀疑和恐惧，1867年7月14日，诺贝尔在英国的一座矿山做了一次对比实验：他先把一箱安全炸药放在一堆木柴上，点燃木柴，结果，这箱炸药没有爆炸；他再把一箱安全炸药从大约20米高的山崖上扔下去，这箱炸药也没有爆炸；然后，他在石洞、铁桶和钻孔中装入安全炸药，用雷管引爆，结果炸药都爆炸了。这次实验，获得了圆满的成功，给参观的人留下了深刻的印象。从此，“达纳炸药”的名字传遍世界。

可以说，诺贝尔发明的达纳炸药，是瓦特发明蒸汽机后的又一个划时代的重大发明。它的出现，极大地提高了人类征服自然、改造自然的能力。

1868年，瑞典皇家科学院决定授予诺贝尔父子莱阿斯蒂特金质勋章，这是一种极具权威性的奖赏，是奖给在各科技领域做出巨大贡献的杰出人物的。

诺贝尔是一个永不知足、进取不止的人。尽管他用硝化甘油和硅藻土制成了安全炸药，且誉满世界，可他一点也不满足于现有的成绩。在硝化甘油中掺入硅藻土以后，炸药虽然变得安全了，但它的爆炸力却降低了。诺贝尔又面临着一个新的课题：制造威力更强大的炸药。

诺贝尔在实验室里进行了一次又一次的实验，仍没有获得成功。又是一件偶然的小事，给了他新的启发。有一天，诺贝尔在实验室工作的时候，手指被割破了，他就顺手用一种含氮量比较低的硝化纤维素敷住了伤口。那天晚上，因为伤口疼痛，不能入睡，他从敷料能够吸收血液这件事得到启发，想到能不能用含氮量较低的硝化纤维素同硝化甘油混合呢？他忘记了手指的疼痛，跑到实验室，一个人做起实验来了。他把大约一份重的硝化纤维素，溶于九份重的硝化甘油中，得到一种爆炸力很强的胶状物——炸胶。

新炸药研制出来了，如以前的发明一样，为了做到绝对的安全可靠，他们又花费了很长时间进行了许多次安全性实验，还在诺贝尔的四个主要工厂进行了多次大规模实验。试验证明，这种炸胶的性能非常好：用火点燃它，不会爆炸；浸水之后，它不会受潮；它的爆炸力，比纯净的硝化甘油还强。就这样，比达纳炸药爆炸力更强的“胶质炸药”研制成了。

1878年，诺贝尔公司将胶质炸药向世界推出，并立即在英国、德国、美国、意大利等国取得了专利权。胶质炸药很快在全世界普遍使用，并深受欢迎。

成功并没有使诺贝尔止步。1879年，诺贝尔在巴黎郊外的塞夫朗-利夫里实验室，开始了无烟火药的研究。他的思路与其他人完全不同：他是从赛璐珞着手的。赛璐珞，这种常见的物质，是由含氮量低的硝化纤维素和樟脑之类的增塑剂，经加工而制成的塑料。

经过八年的艰难奋战，到1887年，诺贝尔终于制成了无烟火药。直到今天，在军事工业中普遍使用的火药，都属于这一类型。

制造炸药，一要爆炸力强，二要安全可靠，三要按照人的要求随时爆炸。诺贝尔制成了安全炸药、无烟火药，又制成了引爆用的雷管，很好地解决了这三大难题。人们称诺贝尔是炸药大王，他当之无愧。

四、遗嘱——为了和平，为了科学

对于诺贝尔来说，自己发明的各种炸药被用于公路、铁路的建设、矿山的开发、运河的开凿等方面，对推动人类文明的发展做出了贡献，自然心中十分欣慰。但另一方面，每当想到自己的发明被用到战争上时，他就感到痛心疾首。他有着一颗天生善良的心，厌恶人间的战争。

但是，由于人与人、国与国间居心各异，不论什么发明，都既能被用来造福百姓，也能被拿来危害苍生。关键在于使用者如何使用。这样一想，他也就心安理得了。他的研究方向极广，不仅仅限于炸药，还涉及电学、生物学、物理学、医学等领域。他所取得的发明专利达到350多种，包括自动电闸、防爆锅炉等发明。此外，他还做过人造橡胶和人造丝的实验。

1883年的一天，诺贝尔收到了一封信。信中通知他，瑞典皇家科学院决定接纳他为会员。这证明诺贝尔在科学上做出的成就，已经达到了当时的最高水平。诺贝尔认为："这是我最重视的一个荣誉。"这个巨大的鼓舞，激励了他继续投入到新的研究。

1891年，58岁的诺贝尔离开巴黎，移居意大利西部海岸的圣雷莫。他看到自己的发明，不断地被人用于和平的反面，他开始把自己的研究方向转到了有益于"安全"的发明上。比如：汽车的刹车设备，救助海上灾难的幸存者用的"救生火箭"等。此外，他还改良了留声机和电池以及电话，发明了人造革与人造橡胶以及人造纤维。直到去世之前，他的发明热情仍然不减当年。

最令他不安的是，他的许多发明被用到了这个世界上最令人憎恶的战争上。就在这时，他读到了一本小说《放下武器吧!》，作者是他在巴黎就认识的兹特娜夫人。

1892年8月，在瑞士伯尔尼召开了世界和平会议。兹特娜夫人作为会议领导人，诺贝尔作为会议特邀嘉宾，都出席了这次大会。会后，两人就和平问题进行了推心置腹的长谈。他对兹特娜夫人说：如果我的钱能够通过您的活动，对和平事业做出贡献的话，我将感到无比荣幸。

诺贝尔看到兹特娜夫人为和平事业活跃在世界各地时，心中感到无比欣慰和满足。从这时开始，他逐渐在内心中暗暗地考虑自己身后的事情。

兹特娜夫人后来接到了诺贝尔的一封信，信中写道：“我想拿出我的一部分财产，设立一项奖金，授予那些为促进世界和平而做出巨大贡献的人。”这就是后来作为诺贝尔遗志设立的诺贝尔奖的最初设想。

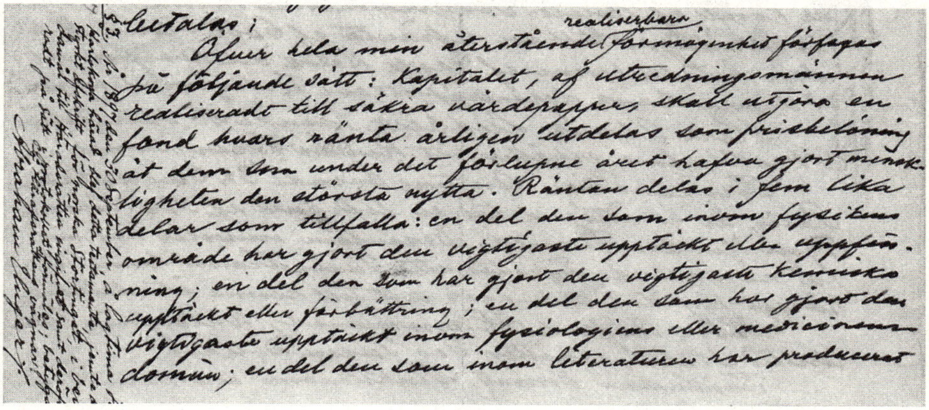
utdelas;
Öfver hela min återstående realiserbara förmögenhet förfogas
på följande sätt: Kapitalet, af utredningsmännen
realiseradt till säkra värdepapper, skall utgöra en
fond hvars ränta årligen utdelas som prisbelöning
åt dem som under det förlupne året hafva gjort mensk-
ligheten den största nytta. Räntan delas i fem lika
delar som tillfalla: en del den som inom fysikens
område har gjort den vigtigaste upptäckt eller uppfin-
ning; en del den som har gjort den vigtigaste kemiska
upptäckt eller förbättring; en del den som har gjort den
vigtigaste upptäckt inom fysiologiens eller medicinens
domän; en del den som inom literaturen har produceradt

• 诺贝尔遗嘱原稿（部分）

岁月不饶人。诺贝尔顽强的工作精神、超群的劳动能力，已经随着年岁的增加而逐渐地衰弱下去。59岁以后，他的心脏病经常发作，最后卧床不起。他即将从这个世界消失，但还是想为人类的和平与幸福留下一份礼物。1895年11月27日夜晚，诺贝尔写下这样一份著名的遗嘱：“我把自己的全部财产作为基金，以其利息作为奖金。把奖金分为五等份，作为下列五种奖的奖金，把它奖给每年为人类做出最杰出贡献的人。”

1896年12月10日凌晨2时，这位科学巨匠在意大利桑里莫医院与世长辞了。

1901年，在艾尔弗雷德·诺贝尔长眠五年后的12月10日，在斯德哥尔摩举行了第一届诺贝尔奖授奖仪式，瑞典国王亲手向诺贝尔奖金获得者颁发奖金。祈求世界和平、人类进步的艾尔弗雷德·诺贝尔的灵魂，化成了诺贝尔奖，永远放射着灿烂的光辉！

左拉

——一代自然主义[1]文学大师

他是一位具有世界影响力的小说家。他一生著述，持之以恒，留下了《鲁贡·玛卡家族》《三城市》《四福音书》三大系列长篇小说，以及许多中短篇小说和其他作品，反映了整整一个时代的历史和社会生活。他是一位开拓者和创造者，倡导并完善了自然主义文学理论，推动和丰富了现实主义文学运动。他毕生正直勇敢，从不向强暴和邪恶低头，显示出一个知识分子的伟大人格。他就是法国著名作家左拉。

---

①“自然主义”一词，最早见于泰纳于1858年写的著名的《巴尔扎克论》。其主要意思是指巴尔扎克研究法国社会时具有自然科学家的严谨与冷静，不带自己的偏见与激情。他初步确定了“自然主义”概念的内涵：文学创作应该和自然科学的观念、自然科学的方法相结合。而最早在文学实践上体现出自然主义倾向的是龚古尔兄弟。正是在龚古尔兄弟的启发下，左拉写出了他的早期自然主义代表作《黛蕾斯·拉甘》和《玛德莱娜·费拉》，将人写成自然人，将生理研究的内容注入小说。自然主义在文学创作上的最大、最主要的实绩是左拉的《鲁贡·玛卡家族》，这是一个家族血缘遗传的自然史和一个家族在社会生活中发展、演变的社会史。包括20部长篇小说，其中，《小酒店》《娜娜》《萌芽》《土地》《金钱》最为成功、最有代表性，作品以其严酷的写实与无情暴露而轰动一时，并经久不衰。

自然主义最大的特点在于它从生理的角度来观察人、理解人和表现人，重视人作为自然人的一面，将人的行为、思维、情感主要归因于人的生理机体。自然主义文学的贡献，在于出色地对自己所处时代的社会进行了真实的描写，既留下一份关于一个历史时期的经济、政治和风土人情的文献资料，又留下一份真实描写现实和描写人的艺术经验。受自然主义的影响，从19世纪后期的法国和20世纪初的欧美诸国掀起了一场自然主义文学运动。

一、凄苦的童年

1840年4月12日，爱弥尔·左拉（Émile Zola，1840～1902）生于法国巴黎。父亲弗朗索瓦·左拉，原籍意大利，祖祖辈辈都是军人。父亲退役后，当了一名工程师；母亲是贫苦手艺人的女儿，有着希腊血统。作为一名工程师，父亲几乎走遍了整个欧洲。他为卡达朗设计新海港，为巴黎制定军事防御体系，设计并建设罗旺斯—爱柯斯运河。正是在巴黎附近的爱柯斯市，左拉无忧无虑地度过了他童年的6个年头。

1847年，左拉7岁那年，父亲被一场急性肺炎夺去了生命。这时，左拉的家庭经受着严峻考验，不仅在精神上造成严重的创伤，而且在经济上也陷入穷苦不堪的困境。丧事刚完，来自各方的债主蜂拥而来，先前欠左拉父亲钱款的人却乘机赖账。年轻的母亲深感无能为力，唯有哪怕是年逾七旬的外祖母，给左拉一家以温暖和关怀。她们极力设法使年幼的左拉避免承受哪怕是最微小的痛苦。为此，她们决定把左拉送去上学。不过，学校的课程引不起左拉的兴趣，他把精力和时间都花费在课外活动上：不是和小朋友们到河里洗澡，就是在森林、田野间奔跑，这样的生活整整过了5年。

1852年，12岁的左拉进了爱柯斯市立中学。这时，他改变了自由散漫的习惯，成为一名勤奋苦学的优等生。在15岁时，左拉只想读诗、背诗、写诗，诗歌成了他整个活动的新天地。就在中学读书时期，左拉酷爱读维克多·雨果和缪塞的著作，练习写诗，并尝试性地创作了一部喜剧和一部历史小说。

1857年，外祖母不幸去世，这是左拉生活道路上的又一重大转折。左拉母子已失去生活上的依靠，再也不能继续在爱柯斯城立足。于是，他们把身边仅有的衣物变卖，换取一点路费，决定到巴黎去投靠昔日的亲朋好友。经过母亲的多方托情，左拉以公费生的资格进入圣路易中学的高中班。家境的贫寒，加之略带南方口音和不适应，左拉一时学习成绩下降，经常遭到同学们的嘲笑和奚落。

1859年，因为贫困，19岁的左拉无法继续求学。他想，既然不能继续升学，那还不如干脆离开校门，自谋生计；要是一旦打通道路，有了职业，至少还可以帮着母亲闯过生活上的难关。

二、与职业赛跑

1860年初，20岁的左拉通过朋友引荐，在海关街一货栈里找到一个仓库管理员的工作，月薪60法郎。这差使责任重大，工资低，不用说接济家庭，即使自己糊口也不够。在勉强支撑三个月之后，左拉只好提出辞职，另谋出路。

出路何在？左拉感到茫然。为了寻找职业，他到处敲门求情，处处受人盘问，索取履历证明，结果又每每被人谢绝。在很长一段时期内，甚至连每月60法郎低薪的职业也找不到。他四处碰壁，到处流浪，遭尽冷眼和屈辱。在寄给朋友的一封信中，他说："一年多来，为了寻找职业，我进行了一场顽强的狩猎。如果说我为此跑得还不算慢的话，那么职业却比我跑得更快……"

幸好有图书为伴。每当左拉追逐职业失败时，他就转向去追逐书本知识，终日在旧书店里浏览。他阅读莎士比亚、雨果、狄德罗的著作，读巴尔扎克的小说。他想模仿缪塞的诗，但他首先面临的是饥饿。他住在一个亭子间里，既没有炉火，也缺乏灯光，夜幕降临，只有花几个钱买支蜡烛，用以读书写作。整个冬天，他全靠吃油浸面包过活。有时，他饿得实在难以忍受，就在屋顶上设下圈套，捕捉麻雀充饥。

1861年，这是左拉最为困苦的一年。到1862年2月，经父亲的一个朋友介绍，他进了阿舍特书局，找到一份杂务性工作，钉箱、打包、搬运等活，月薪也只有100法郎，但比之先前捉麻雀充饥的境遇，也算是"小康生活"了。

在工作之余，左拉便着手写些小故事。有一天，他把新创作的《恋爱喜剧》书稿，放在老板办公桌上，想试探一下，能否在这儿出版。阿舍特先生向左拉说，诗稿已经拜读，虽然本店不宜出版这类诗作，不过劝他从事小说创作，并对他的才华大加赞赏，还当场宣布提升他为广告科科长，月薪也随之增加一倍。

广告科长的职务，使左拉在作家和编辑之间取得了受人尊敬的地位。他接近了思想界和批评界的权威，结识出版家，并开始用“左拉”署名，在报章杂志上发表文章。这时，左拉完成了中篇小说集《给妮侬的故事》（1864），由克拉罗瓦书店出版。这本短篇小说集写得很优美，略带讽刺滑稽的意味。

数年奋斗，左拉在文学创作上的第一炮总算是打响了。这标志着左拉创作生活的真正开端。1865年，左拉的第一部长篇小说《柯劳德的忏悔》问世了，这部小说既为他争得了声誉，赢得广泛的读者，但却引起官方的指责，给左拉带来一些危害。书局老板怕受连累，左拉只得离开阿舍特书局。在阿舍特书局的五年，左拉的收获很大，经济上摆脱了贫困，思想上扩大了视野。他开始探索缪塞的浪漫风格、福楼拜的写实精神和泰纳的实证哲学。在文学创作上，他崭露头角，笔锋所向，震撼朝野，这为日后的创作练出一副刚劲犀利的笔力。

• 左拉的手稿

三、构建宏伟的艺术大厦

在文学创作上，左拉效仿巴尔扎克，以《人间喜剧》的那种人物再现的手法，用一系列连续性的文学巨著，组成一个庞大的家族体系，谓之《鲁贡·玛卡家族》，副标题为“第二帝国时代一个家族的自然史和社会史”。书中将包括五光十色的人物与事件，每个故事各有自身的开端、发展、高潮和结局，彼此之间又有线索贯穿连结，构成一个完整的有机整体。

左拉经过周密思考，先攻读生理学，研究遗传学上的大量病例和史料，进而绘制出一幅树枝形分叉式的家族血统族系图表，在各个支点上，分别标上人物的姓名，生卒年月，先天性遗传特征，生平重大事件，并确定小说情节，这项工作几乎花去一年时间。在左拉看来，时代精神在于科学，科学精神就是客观态度。他主张冷眼旁观，以自然主义的客观性，去研究一个家族的兴衰和社会上的各类人物。《鲁贡·玛卡家族》的初步计划，包括十部长篇小说。按左拉的构思，第一部描述鲁贡·玛卡家族的起源，第二部描述这个家族的黄金般的青年时代，第三部描述第二帝国时代的投机事业，第四部描写官吏和政界，第五部描写一个教士灵魂里的自然与宗教两方面的冲突，第六部描写军界，第七部描写工人，第八部描写交际界，第九部关于艺术家，第十部写司法界。

后来的创作实践突破了原计划，并改变了某些主题，结果撰写成20部长篇小说。左拉在动笔撰写成第一部小说《鲁贡家族的家运》时，只是年仅28岁的青年，可是当完成最后一部《巴斯加医生》时，已成了53岁的中年人了。这位勤奋多产的作家，日复一日埋头写作，相继跨越25个年头（1868～1893），撰写成600万字的庞大书稿，终于在19世纪末的法兰西文坛上，筑起又一座颇为壮观的艺术大厦。

1868年，左拉开始实施《鲁贡·玛卡家族》的创作计划，动笔撰写第一部《鲁贡家族的家运》。当这部小说在《世纪报》上连载时，普法战争爆发了。战争结束后，左拉回到巴黎。一方面，他给马赛的《海岸通信报》撰稿，另一方面又担任巴黎钟报驻国民议会通讯记者。1871年2月，国民议会迁到凡尔赛，左拉跟到凡尔赛，继续做通讯记者，发表一些国民议会的记录性文稿，并在该报上开始连载他的新作《贪欲的角逐》。当钟报奉命停刊后，左拉又回到巴黎，静悄悄地躲在蒙马特贫民区里，埋头从事文学创作。虽然他经常因遭文坛的冷箭和舆论的敌视而苦恼，但是创作热情日益高涨，灵感和兴致也特别旺盛，从不间断他的写作。

1872年初，左拉在福楼拜的家里认识了屠格涅夫。在屠格涅夫的推荐下，左拉担任了俄国圣彼得堡《欧洲消息杂志》的特约通讯员。左拉撰写的文章，不论是通讯、评论，还是文艺创作，都以“巴黎来信”为题发表，历时6年，共发表文章63篇。

1877年，《鲁贡·玛卡家族》规划的第七部小说《酒店》脱稿问世，轰动了巴黎，为左拉赢得了极大的声誉，同时也获得一笔为数可观的稿酬。为了造就一个舒适的生活环境，以利于文学创作，左拉在巴黎近郊购置一块地皮，按照自己的设想，修建起一座别墅，题名为“梅塘别墅”。从19世纪80年代到左拉的晚年，梅塘别墅一直是左拉的主要住所。每年，他要在这里度过八个月左右，尤其在夏天，这儿是他的避暑胜地。左拉的大部分小说，就是在这里写成的。

四、反对专制，伸张正义

1894年，左拉正兴致勃勃地为实施他的第二个计划《三城市》而埋头创作时，在法国的政治生活中，发生了一起震惊世界的“德雷福斯事件”。1894年9月，一名法国反间谍人员在德国驻巴黎大使馆的门房里发现一份向德国情报部门出卖军事秘密的信件。这封信件没有署名也没有投递日期。案件经国防部的调查，随意认定有犹太血统的炮兵大尉德雷福斯是情报的投递者。右派势力和反动党团趁机煽动反犹太狂热，叫嚣要将所有犹太人清除出军队，并且在爱国主义和反犹太主义的旗帜下，把矛头指向民主派人士，企图推翻共和、恢复帝制。

1895年1月5日，在一片反动叫嚣声中，在毫无证据的情况下，德雷福斯被除去军衔，开除军职，并被判处终身监禁。1896年，真正的罪犯艾斯代拉齐被揭露出来。但是因为事情牵涉到国防部的声誉和右派反共和阴谋，军队领导人拒绝重新审理案件，后来迫于舆论压力，对案件进行了草草的审理，就匆忙宣布艾斯代拉齐无罪。这个事件引起了左拉的注意，他在仔细研究过有关文件后，又进行了调查，认定德雷福斯是无辜的。于是挺身而出，在《费加罗日报》上发表了三篇文章。针对右派的攻击和诬蔑，左拉对右派捏造的关于为德雷福斯辩护的人都是由一个犹太银行收买的谣言给予反驳，并驳斥向人民灌输反犹太主义的右派报界，指出他们是在对爱国主义作一种卑鄙无耻的利用。

左拉遭到报界和一些读者的围攻。此后，报纸拒绝发表他的文章，他只好把自己的文章印成小册子散发。1897年12月14日，他发表了《致青年们的信》，号召青年反对专制，为正义而斗争。1898年1月6日，他又撰文向全法国发出呼吁。当真正的罪犯艾斯代拉齐在1898年1月11日被判无罪时，左拉愤怒到极点，他写了一封致共和国总统的信，于1898年1月13日以《我控诉》为题，在《黎明报》上发表。左拉在这篇檄文中公开控诉国防部和军事法庭的官员们犯了违背人道与正义的罪行，指出他们伪造报告、左右舆论、混淆视听，有意识地开脱罪人、冒犯公法。这篇文章震动了整个法国，载有这篇文章的《黎明报》当天发行30万份。围绕德雷福斯案件，整个法国都在争论，议会里形成了对立的两派。军队首脑声称，如果不严惩左拉，军队就会瓦解，并且威胁要集体辞职。在反动报纸的一片恫吓声中，左拉于1898年2月7日被传到法庭对质。在法庭审讯辩论过程中，军官们在法庭里拍手起哄。每当旁听席上的听众向左拉的辩护人鼓掌时，他们公然拔出军刀相威胁。在恐吓与辱骂声中，左拉镇定自若，宣称："我只有一个思想，真理和正义的理想。我问心无愧，我一定会胜利。"

Cinq Centimes

L'AURORE

Littéraire, Artistique, Sociale

J'Accuse...!

LETTRE AU PRÉSIDENT DE LA RÉPUBLIQUE

Par ÉMILE ZOLA

LETTRE

• 左拉发表的《我控诉》

法庭在强大的反动压力下宣告左拉有罪，他被判处监禁一年，罚金3000法郎。判决传出，反动派们欢腾了，在巴黎、里昂、马赛、南特等地都暴发了反动示威。但进步人士也越来越多地加入支持左拉的行列，要求重审德雷福斯案件的呼声也越来越高。左拉的正义行动和他的《我控诉》，使得德雷福斯案件的争论扩大为进步与反动势力的政治斗争，构成了19世纪末法国政治生活中的重大历史事件。

为了抵制法庭的不公正判决，左拉听从了朋友的劝告，于1898年7月18日流亡伦敦。1899年6月，由于德雷福斯案件真相逐渐显露，高等法院不得不推翻对德雷福斯案件的判决。左拉也于两天后回到法国，他继续上诉，为德雷福斯案件的彻底解决而斗争。直到1906年7月，当局才宣布德雷福斯真正无罪。至此，持续12年之久的德雷福斯事件，总算水落石出，真相大白。遗憾的是，这时左拉却早已离开人世。

在这个事件中，左拉表现出了热爱真理、不怕威胁、勇于为正义而斗争的崇高品质，表现出了一个知识分子无私无畏的伟大人格，这使他受到法国进步人士的衷心敬佩。

五、自然主义文学大师

1894年，左拉开始创作他的第二个计划，即《三城市》，包括《鲁尔德》《罗马》《巴黎》三部长篇小说。左拉历经四年的艰苦劳作，于1898年完成这三部长篇小说，成为继《鲁贡·玛卡家族》之后的又一巨著。

左拉完成了以反宗教为主题的《三城市》，这是19世纪90年代左拉思想更为成熟的一大标志。作者通过神父皮埃尔在三个地方的不同生活，表现了一个宗教职业者对宗教认识的三个不同阶段。起初，他欲以宗教救世，继而又欲以改革宗教来解救人世的苦难，最后，他宣告与宗教决裂，以信仰科学取代对宗教的信仰。

当左拉完成《三城市》的创作计划时，已年近花甲，但他并不因鬓发增白而止步。左拉又立即提出了第三个创作计划，这就是《四福音书》，包括《繁殖》《劳动》《真理》《正义》四部小说。

《四福音书》的创作，开始于1898年流亡英国时期。这部系列小说，均以探索社会理想为宗旨，反映了左拉晚年执意变革现实的伟大思想。他用《繁殖》来描写理想的家庭，宣扬父爱、母爱和家庭间的子女之爱；用《劳动》来描写理想的城市生活，由劳动的社会化来促成人们之间和睦相处的关系；用《真理》来描写理想的国家，借教育以促进各民族的友爱合作；用《正义》来描写理想的世界，以人道主义精神和正义事业，共同发展和增进人类和平和友谊。

《四福音书》的艺术构思，反映了左拉晚年希望国家繁荣、社会安定、人民幸福的美好理想，表明他是一个伟大的理想主义者。1899年，左拉在伦敦撰写的《繁殖》出版了；1901年，《劳动》也按预期计划与读者见面；《真理》于1902年夏季脱稿。接着，左拉着手撰写第四部《正义》。可是，意想不到的事发生了。

1902年9月28日，左拉在梅塘别墅度过夏季之后，回到巴黎布鲁塞尔街21号寓所。正赶上天气潮湿，夫人身体不适，晚间点燃起居室内的壁炉，炉火很旺。入睡后，由于壁炉的烟囱阻塞，煤气倒灌，致使左拉夫妇中毒窒息。次日上午10时许，体弱多病的夫人被救活了，素来以身体健壮著称的左拉却始终没有醒过来。

• 左拉之墓

左拉去世后，声誉倍增。法国众议院曾做出决议，要把左拉的遗骸从蒙马特公墓迁葬至国葬院。就在他死后的第六个年头，1908年6月5日，左拉的遗骸终于被迁葬了，法国总统和总理出席了国葬典礼。左拉作为伟大的文学家，被安葬在维克多·雨果的对面。法国终于承认了这位著名作家的崇高地位，认识到他的价值。雕塑家爱米尔·德锐为左拉雕成一座半身石像。

1924年1月27日，人们又在左拉的诞生地，为左拉建起一块纪念碑。

左拉活着的时候，他并没有什么奢望，“唯一的野心，就是使自己有一部广为流传而且万古长存的作品”。其实，这种广为流传且万古长存的作品又何止一部呢？左拉的作品已被译成世界各国60多种文字，流传于全世界。

左拉以宏伟的气势，流畅的风格，继巴尔扎克之后，使现实主义文学以自然主义的面貌又一次主宰了文坛。他以丰富的作品，为自然主义文学确定了主旋律。龚古尔兄弟、左拉、莫泊桑的创作历程，基本代表了自然主义文学在法国的发展。继左拉之后，百年来，欧美乃至亚非一些国家的许多作家纷起效法，将自然主义推向纵深，使自然主义作为一个文学的重要流派在许多国家的文学中延续。

科 赫

——一个被称为“杆菌之父”的微生物学家

他一生大部分时光都是在乡村里度过的。那里简单、朴素的生活使他远离了城市的喧哗，并养成了一种“耐得住寂寞”的品格。他在开始探究微生物世界时，实验仪器只是一副陈旧的放大镜和未婚妻当作嫁妆送给他的显微镜，别的器械则要靠自己动脑筋，用木头、弦线和火漆等简单的材料来制作。他就是靠着一往无前、坚韧不拔的精神，发现结核菌、霍乱菌、沙眼病毒，证明了炭疽菌引起炭疽病，在战胜疟疾、昏睡病、淋巴腺鼠疫、牛瘟、麻风、黑水热、红水热等疾病中都做出了巨大的贡献。他就是德国微生物学家科赫。

一、快乐的少年时代

1843年12月11日，罗伯特·科赫（Robert Koch，1843～1910）出生于德国汉诺威省附近的小城克劳斯塔尔。父亲赫尔曼没上过什么学，但年轻时到过很多地方，见多识广，好学多思，不安于现状。赫尔曼在工作中发挥自己的长处，得到上级的赏识，逐渐晋升为采矿公司主任。后来，又当上了普鲁士政府的矿业顾问。

赫尔曼喜欢给孩子们讲自己年轻时的旅行奇遇，讲大自然绮丽的风光和异国风情。这些富有传奇性的故事强烈地吸引着孩子们，而最入迷的就要数科赫了。科赫暗下决心，长大后一定要走遍世界。

小城附近到处是树木和青草。科赫很小的时候，就爱在这里玩。带着露珠的绿叶，各种各样的昆虫，五光十色的矿石，都让他着迷。他有一个小小的“博物馆”，陈列着自己采集来的标本。在别的小朋友看来，他颇像个训练有素的小“博物学家”。

科赫稍大以后，爸爸又送了一面透镜给他，他的观察更细致，兴趣更浓了。通过透镜可以清楚地看到蚂蚁的触角、苍蝇的眼睛，这更引起科赫对大自然奥妙的疑问。

舅舅比文德是个知识渊博的人，特别是对自然界和野生动物有着深入的研究。他一来到克劳斯塔尔，就领着科赫穿过大森林，采集昆虫和矿石标本。舅舅还教科赫摄影技术及如何使用显微镜。这一切，都为科赫日后投身于科学研究打下了坚实的基础。

1851年，科赫到捷姆纳西姆读小学。由于从小就积累了一套独特的学习方法，科赫对于小学所学知识并不感到吃力，每次考试都名列前茅。而他多数时间却在“玩”：用放大镜观察矿石；用显微镜了解细胞；用照相机拍照；用画笔画出研究的结果；即使走在路上，听到两个买卖东西的人在讨价还价，他也会在心里帮人家算账。

1862年，科赫以优异的成绩中学毕业。下一步该怎么走？科赫原打算从事文学创作，但他的老校长却通过自己平时对他的观察，发现在他身上洋溢着一种投身于科学研究的热情。这个孩子平时在对待各种微不足道的事情上也从不敷衍了事。而无论什么样的人，他只要具备了这种天性，就一定会做出一番事业来。联系到科赫在校期间所表现出的对自然科学的热爱，校长决定帮助他认清自己发展的前途。

经过校长多次煞费苦心的教导，科赫终于决定了自己未来的方向。1862年，19岁的科赫以极好的成绩跨入哥廷根大学的大门。

二、一个乡村医生与炭疽病

大学的科赫，惜时如金，从不浪费一分一秒。一本关于传染病的著作强烈地吸引了他："必须不断地通过显微镜从传染物中寻找细菌，并将它们分离出来，测试其致病力，才能确认它是引起人体传染病的病因。"科赫反复琢磨这些带有指导性的论断，决定用毕生的精力实践它。

1866年1月，科赫以优异的成绩毕业，获得医学博士学位。在汉堡总医院实习三年后，他开始在波森的拉开维茨开业。普法战争中，科赫成为一名志愿军医。战争结束后，他通过地区医务官的考试。1872年的8月，科赫在沃尔施泰因当了个乡村医生。

1873年的一天，一名猎户解剖了一头死鹿。科赫根据黑色的血液立即判断出鹿是患炭疽病死的。科赫在他工作过的地区跟炭疽病打过多次交道，知道这种传染病总有一天会夺去牛和羊的生命。科赫取了一滴鹿血，放到显微镜下观察。他看到粗大而透明的杆菌和线状有机体，这些有机体有的部分呈线团状，纵横交织。这是炭疽病病毒吗？科赫画了几张草图，在图边写着："炭疽病原？"关于炭疽病，欧洲已经有人先于科赫进行过研究，法国的内科医生达万、德国人玻兰德以及伟大的微生物学先驱巴斯德都在研究由细菌引起的炭疽病。巴斯德宣称："每一种疾病，都是由一种很小的、有生命的细菌引起的。"但是他们都没有找到可靠的证据。

科赫首先提出第一个问题：这种不同寻常的形体能在每一种炭疽病血液中被证实吗？几天后一位农民来找科赫，说他的六七头奶牛患传染病死了。科赫进行了彻底的检验，得到的总是同一个结果，即这些死去奶牛的血液中总能发现有杆菌和链球菌。于是科赫又提出第二个问题：这些东西会出现在健康动物的血液中吗？屠宰场的师傅给他送来成桶的新鲜畜血。科赫反复观察，既没有发现杆菌，也没有发现链球菌和"线团"。

科赫提出了第三个问题：杆状物是细菌还是病畜血液中的分泌物？他的研究没日没夜地进行着。他抓到一只小白鼠，在白鼠的尾巴上割开一个小口，注入几滴患炭疽病动物的血液，然后放在一只特制的笼子里。如果杆状形体是炭疽病菌的话，小白鼠就会像牛、羊、马和森林里的鹿一样死去。他彻夜不眠地等待试验结果。第二天早晨，小白鼠死了。解剖结果证明肝脏肿大，血液乌黑。显微镜下出现了多次见过的景象：杆状形体、线团和串珠……科赫把纯菌种分别接种到羊、豚鼠、兔、猫等12种动物身上，结果都一样。

科赫又把这只死小白鼠的一小滴血液注射给另一只健康的小白鼠。他这样做了30次，得到的都是同样的结果。科赫对此还不满足，他想亲眼见到杆状形体的生长状况。他经过多次失败，最后终于得到了誉满世界的方法：他在载玻片中间制出凹型小穴，周围涂上凡士林，然后把一小滴含炭疽病杆菌的液体滴在一张薄玻璃片上，那就是所谓的盖玻片，把它翻过来压在凡士林上，从而使盖玻片的液滴悬在载玻片的穴里，完全密封，其他杂菌被隔绝在外。

科赫在显微镜里看到：小棒儿变稀疏了，伸展开来，彼此分离，逐渐扩散到整个视野。科赫仍不满意，这个证据还不是决定性的。如果这些杆状形体真的能引起炭疽病的话，那么就得在没有细胞混杂、没有其他杂菌的情况下培养，即纯菌培养。科赫自己动手做了一个培养箱。他把一小丛微生物从一个悬滴移到一种培养基上，杆状形体增多了，形成了链状和线团体。经过八次接种后，白鼠组织终于不存在了，这一定是培养的炭疽病细菌。科赫把这种菌苗注射在

• 科赫在他的实验室

白鼠、豚鼠和家兔身上，结果所有的动物都染上了炭疽病。

科赫又给自己提出了第四个问题：炭疽病是怎样在自然界中传播的呢？通过几个月的无数次试验，科赫终于弄明白，炭疽病形成芽孢，芽孢周身长着厚壁，能保护自身不受干热、阳光和有害化学药品的侵害。而一旦条件合适，厚壁破裂，细菌便又出来繁殖。这就是炭疽杆病菌传播的方式。

1876年4月，科赫接受科恩教授的盛情邀请，在有许多科学家和社会名流参加的植物学会上公布了他的发现。大家由衷地祝贺科赫的成功，尽管他们之中也有人做了不少关于炭疽菌的研究，最终是科赫第一个揭示了炭疽菌的生活周期，更何况这些研究是他一个人在条件极其简陋的情况下进行的。他的坚韧不拔、锲而不舍的顽强精神赢得了人们的尊重。

全世界都开始注意科赫的研究。科学家们认为，把科赫继续留在乡下是整个德国的耻辱。1880年春，德国政府委任科赫为柏林帝国健康署成员。

三、征服肺结核病

一次偶然的机会，科赫找到了一种理想的固体培养基的制法及分离杂菌的方法。这项新发现在细菌学研究中具有划时代的意义。科赫在1881年8月伦敦国际医学会议上演示之后，巴斯德激动地走上前去，对他说："先生，这确实是伟大的进展！"

科赫是个永不满足于已有成就的人，一个目标达到了，他毫不停顿地向另一个高度攀登。从伦敦返回柏林后，他立即把矛头对准了当时最凶恶的疾病——肺结核。

科赫全力以赴地进行研究，一场从死神手中争夺生命的白刃战开始了。他制定了一个指导研究的原则，这就是直到今天细菌学研究还必须遵守的"科赫原则"：为了证明某一种细菌是某一疾病的病因，必须在这种疾病的所有病例中都发现有这种细菌；必须将这种细菌从病体中完全分离出来，在体外培养成纯菌种；这种纯菌种，经过接种后，必须能将疾病传给健康的动物；按上面规定的方法接种过的动物身上，必须取得同样的细菌，然后，在动物体外，再次培养出这种纯菌种。

为了寻找一种能使结核菌染色的试液，科赫的手整日浸泡在二氯化汞溶液中。功夫不负有心人，一天，当他用次甲基蓝进行染色后，在显微镜下发现了蓝色细长的小杆状体，看上去比炭疽细菌小得多，有一定的弯曲度，这就是结核杆菌。同时，他还找到了著名的“血清培养基”，它几乎完全和组成活体的成分一样。

1882年2月的一个晚上，在一幢庄严的大理石建筑物内，柏林生理学会正在聚会。德国科学界最卓越的人物都来了，科赫、科恩海姆，甚至还有微耳和[①]。

科赫报告了他的发现。报告证据充分、数据准确、结论明了：“我已经成功地发现了肺结核的真正起因。它就是结核杆菌，一种真正的寄生虫。”科赫用“寄生虫”这个词，是为了表达结核菌是一种依靠活的有机体——主要是人体组织——取得养料而生存下去的。

不久，科赫的论文《肺结核病因学》在柏林临床周刊上发表了。科赫的名字传遍了四方。他的照片被印在红手帕上，报纸上刊登了赞美他的诗歌，人们给他戴上了“杆菌之父”的桂冠。人们羡慕他的成功，敬仰他的声望。但科赫对这一切，都表现出一个伟大人物的博大胸怀。他并不认为这是自己一个人的贡献。他在论文中高度赞扬了其他科学家的研究，认为没有他们的贡献，自己是不可能发现结核杆菌的。

四、不断奋斗，不断成功

1883年8月9日，科赫被任命为赴埃及霍乱医疗队队长。他们一到埃及，就投入到尸体检查中去。一个月后，当终于发现霍乱的蛛丝马迹

---

① 微耳和，德国医学家，细胞病理学的创始人。他完善了细胞学说，创立了细胞病理学，为人类医学事业的发展开辟了指向微观机体结构的研究方向。

时，埃及的霍乱高峰消失了，就像它的爆发一样突然。尽管传染病缓和了，科赫他们还是在12名霍乱患者的尸体上发现了同样的细菌：短的逗点状形体，有时两个在一起呈S形或像鱼群样聚在一起。

为了彻底揭开霍乱之谜，科赫向柏林的部长请示，把实验室移到印度，那里是霍乱的发源地。12月11日，在40岁生日那天，科赫到达加尔各答，并立即着手解剖了32具霍乱病患者的尸体，检查了16名霍乱病患者，发现了大量短的逗点状的细菌。他用这些细菌进行人工培养，力图试验动物染病，但没有成功。

科赫走出了实验室，到印度最下层的人群中间，看到了一幅幅可悲的图画：下水道被污物堵塞，肮脏的街道到处是蚊蝇，人们饮用的井水被污物严重污染。他从井里拎起一桶浑浊、散发着臭气的井水，化验、检查，了解到了霍乱菌的生活习性。他发现这些井水正是霍乱弧菌孳生

• 1884年，科赫（右三）和医疗探险队在埃及研究霍乱疫情

的场所，是霍乱菌进入人体的途径。

1884年4月，全体医疗队成员从孟买出发踏上归途。科赫成功地找到了霍乱交叉感染的途径、隐患及有效地控制霍乱的方法。在柏林，科赫像凯旋的元帅一样受到欢迎。他向威廉一世皇帝汇报，从皇帝手里接过黑白绶带的皇冠勋章。科赫被任命为普鲁士枢密院顾问。

1892年8月，汉堡发生霍乱。几周内严重的霍乱病患者达1.7万人，并有8000多人死亡。科赫动员研究院的全体人员立即投入治服传染病的工作中。传染途径很清楚，是由于人们吃进或喝进了霍乱菌，同时还证实陆地传播霍乱远远不如轮船运输和水路传播那么厉害，因此建立了河流监护制度。

1896年1月，科赫去埃及疗养。几个月后，英国政府请他去南非帮助治疗给那里农民造成严重损失的牛的黑死病。科赫立即答应。1896年12月1日，他在开普敦登陆。但是他试验过的方法已经不灵了，既不能用显微镜也不能用细菌培养法证实牛黑死病病毒（今天我们知道，牛黑死病的病毒是一种很难观察到的病毒）。但必须尽快解决问题，因为有的地方大批牛群染病死了。在28岁同事威廉·科勒的帮助下，科赫断定，在病畜的血液和胆汁里可以找到传染菌苗。他把牛黑死病的血液和健康牛的血清注射给牲畜，使得健康牲畜得到免疫。用这个方法，科赫在开普敦成功地拯救了200万头牛。

1898年5月，科赫从东非经那不勒斯和罗马回到法兰克福，然后到柏林。8月，他又去意大利研究疟疾。他证实了法国医生拉维的发现：苏格兰医生曼松和罗斯关于疟蚊的理论是正确的。1899年4月，科赫领导一个医疗队前往爪哇，然后到德属新几内亚和太平洋中的德属岛屿。他发现了一个疟疾区，还在看上去挺健康的人身上找到疟疾寄生物。如果这些人遭到任何其他不利情况时，由于高热发作就会突然染病。

科赫在太平洋岛屿研究疟疾工作开展了一年之后，1901年7月23日，重新在医学界露面了。1902年12月，科赫接受英国政府邀请，前往罗得西亚的红河，研究和治服再度发生的牛传染病。

五、退而不休的医生

1904年10月1日，科赫退休了。然而他并没有在家里享福，他离不开他的研究工作。12月27日，他启程去达累斯萨拉姆，非洲的疾病需要他去研究。首先研究的是三种病：海岸热、非洲回归热和锥虫病，也就是由于各种单细胞的鞭毛滴虫在人和动物身上引起的疾病。科赫很快证实了一种扁虱是传播回归热的罪魁。

1905年12月5日，科赫荣获诺贝尔生理学或医学奖。几个月后，他获得普鲁士艺术与科学高级勋章。回到达累斯萨拉姆后，科赫弄清了哪些动物得了海岸热，哪些动物得了得克萨斯热。为了研究锥虫病，他又到内地去了。

1907年11月4日，科赫回到柏林，受到热烈的欢迎。医生们赠给他“罗伯特·科赫奖章”，皇帝封他为“阁下”。四个月后，科赫开始了环球旅行。他想实现自己年轻时的梦想。经过伦敦，他在那里参加征服昏睡病国际代表大会，然后到北美去看望他的弟兄和亲戚。在纽约，美国学者们向他表示了敬意。

1908年7月21日，科赫到达日本并见到了学生北里柴三郎。他还到华盛顿去参加国际结核病代表大会，在开幕式上，当选为名誉主席。他用英语做了具有重大意义的报告——《人和牛的结核病之间的关系》。

1908年10月底，科赫回到柏林。在研究院他的私人实验室里，又开始了结核病的研究工作。1910年4月7日，他还在柏林科学院做了一个报告。4月9日的夜里，他的心脏病发作了。5月27日，这位从不虚度年华的研究者坐在圈手椅上安静地长眠了。他的青铜骨灰盒就安葬在柏林传染病研究院的院内。在白色大理石墓碑上雕刻着这位伟大人物的头像、名字及生卒年月，还用金色的大字记叙了他的伟大功绩。

巴甫洛夫

——一个被誉为“生理学无冕之王”的人

天天数狗的唾液有几滴，在许多人看来，简直枯燥乏味，可他却为此着迷。为了研究狗的条件反射，他常用维持一家人生活的钱去买实验用的狗。在解剖狗的时候，一干就是四五个小时而不知疲倦。他每天仔细地数从玻璃管中流出的狗的唾液，将滴数、间隔时间等详细地记录下来。他的一位新来的助手数了不长时间，就感到厌倦：“数到什么时候为止呢？”他却说：“小伙子，如果有必要，就数它10年、20年！”正是对科学的信念，为“心爱的生理学”而忘我工作的执着精神，以及在研究工作中一丝不苟的态度，终于使他达到了科学光辉的顶点，以至于被人称为“生理学之父”“生理学无冕之王”。他就是俄国生理学家、心理学家、医师和高级神经活动学说的创始人巴甫洛夫。

一、学生时代

1849年9月26日，伊凡·彼得洛维奇·巴甫洛夫（Иван Петрович Павлов，1849～1936）生于俄国中部小城梁赞。父亲是个贫穷教区的牧师，母亲替人家做包饭，以贴补家用。巴甫洛夫是家中长子，从小就帮着父亲在菜园和果园里干活，或帮着母亲料理家务。

巴甫洛夫7岁时，一次在棚顶上摊晒苹果，不慎摔到石头平台上，伤势严重。所以，直到11岁他才上学。他从梁赞教会小学毕业后，升入当地教会中学。教会中学里教的主要是神学，巴甫洛夫一有空就爬到家里阁楼上，阅读父亲藏在那里的书。这里有别林斯基、赫尔岑、车尔尼雪夫斯基以及达尔文等人的著作。在这些著作的影响下，巴甫洛夫的学习兴趣转向了自然科学。后来，他又看了“俄国生理学之父”谢切诺夫[①]在《医学通报》上的文章《大脑的反射》。这篇文章观点独特，有很多新颖的看法和见解，让人耳目一新。他被文中的观点深深吸引住了。

1870年，21岁的巴甫洛夫考入圣彼得堡大学自然科学系。他学习非常用功，博览群书，知识面很广。由于学习成绩优异，他获得了奖学金。但奖学金数额有限，生活非常清苦，不得不靠兼做家庭教师来维持生活。

巴甫洛夫选定动物生理学作为主修课程，同时选修化学。当时在圣彼得堡大学执教的有著名化学家门捷列夫及生理学家齐昂等。齐昂教授为人狂妄，但却是一位天才的科学家和灵巧的实验家。巴甫洛夫不仅刻苦地学习科学文化知识，还努力向齐昂学习运用各种手术器械的技巧。巴甫洛夫本来是个“左撇子”，为了在实验中得心应手，硬是训练自己两只手都能灵活操作。渐渐地，即使是相当精细的手术，他也能很快且准确地完成。

在大学学习时，巴甫洛夫对有关消化的生理学发生了兴趣。1874年，巴甫洛夫在齐昂教授的指导下，与同学阿法纳希也夫合作，进行了有关胰腺神经生理问题的研究，完成了论文《论支配胰腺的神经》。在这篇论文中，巴甫洛夫提出了他关于消化生理学的观点，认为过去所有一切研究消化生理的方法都不太合适，必须另想办法，即可以在不破坏

---

① 谢切诺夫（Иван Михайлович Сеченов，1829～1905），俄国唯物主义思想家，生理学和心理学中自然科学学派奠基人。

有机体正常生理活动的条件下，研究动物生理过程。

论文使巴甫洛夫获得了大学校方赠予的金质奖章。他出色地完成了大学学业，获得自然科学硕士学位。从此，巴甫洛夫开始了生理学方面的研究。

二、“巴甫洛夫神经”

齐昂教授聘请巴甫洛夫为生理学助教。为了得到生理学教授资格，巴甫洛夫又考入医学院的三年级，当一名插班生继续求学。不久，齐昂教授去巴黎定居，巴甫洛夫也就辞去助教职位。

1876年，巴甫洛夫又到这个学院兽医学部生理实验室当实验员，继续研究胰腺和神经对心脏活动的影响。1877年，巴甫洛夫曾去德国，在著名科学家R. 赫登海因教授的实验室作短期学习。

1878年，巴甫洛夫应俄国著名临床医师波特金教授之邀，到医院主持生理实验室工作。在这里，巴甫洛夫主要研究血液循环、消化生理、药理学方面的有关问题。1879年，巴甫洛夫修完了内外科医学院的课程。由于学习和科研成绩出色，又一次荣获学院颁发的金质奖章。

1886年，他被正式任命为实验室主任。当时，实验室条件极差，不但缺少实验设备，还经常缺乏资金来购买实验用的动物，但巴甫洛夫却能自由地研究，这使他有机会发挥创造天赋。巴甫洛夫在研究中，表现出了惊人的工作能力、不屈不挠的意志和无穷的精力，使他迅速成长为一个理论家和实验家，同时也成为大规模复杂研究计划的组织者和领导者。

在研究中，巴甫洛夫创造并应用了一种崭新的生理学实验法。这种方法与当时一般人采用的“急性”或活体解剖实验法不同：把经训练过的动物躺在实验台上，不经麻醉，完整地置于正常的环境下，通过长期观察和分析，研究有关器官在动物体内正常的机能。他把这种方法叫作“慢性实验法”。

通过这种实验，揭示出许多有关心脏、血管等血液循环器官活动的自动调节反射方面的重要规律，并由此得出结论：有机体内心脏、血管系统经常进行自动调节活动。这些重要规律的发现是对科学极其宝贵的贡献。

1883年，巴甫洛夫在《心脏的离心神经》博士论文中确证了心脏离心神经中有一类神经能在心脏跳动次数不变的情况下加强它的收缩，另有一类神经则能变动心脏跳动次数而不变动它的收缩强度。此外，他还设想另一类与之对抗的神经，能减弱和缓慢心脏的收缩。巴甫洛夫揭示了四条独立的神经对心脏功能产生阻止、加速、抑制和兴奋作用。这是前人没有发现的。后来，人们把这种神经纤维称为“巴甫洛夫神经”。

巴甫洛夫强调神经系统对机体活动过程作用的理论，学术界称为“神经论”，成为后来科学家建立神经系统机能的理论基础。

这篇重要论文使巴甫洛夫获得了博士学位、讲师职称和一枚金质奖章，并被选派出国考察两年。

三、揭示消化生理的秘密

巴甫洛夫从国外考察归来后，继续从事有关消化生理方面的研究。这种研究的困难在于，大多数的消化液汁（如胃液、胰液、胆汁、肠液），只在食物进入胃肠道时才分泌出来，而当食物移动时，这些消化液又互相混合，很难确定它们的成分与作用。

巴甫洛夫一直希望能设计一个实验，使得实验者能够直接观察和监测内脏器官的活动情况。一个偶然事件给他以极大的启发：有个猎人在打猎时不慎走火，子弹射入自己腹部，射穿了胃。手术后伤口一直无法愈合，只能在胃部的洞上接一个瘘管。有意思的是，医生通过这个瘘管，可以清晰地看到病人胃部的活动情况。巴甫洛夫得知这一事件后想到，自己也可以通过瘘管来对动物的内脏器官进行观察。

1889年，巴甫洛夫成功地做了一个著名实验。他割断一只安装胃瘘的狗的颈部食管，将管口缝在颈部皮肤的创口上，进行“假饲”试验：给狗吃食物，咽下去的食物自食管切断处落下，并未进入胃部。这时发生了一个非常有意思的事，尽管胃中没有食物，但只要狗开始咀嚼，胃就会分泌胃液。分泌的胃液从胃瘘管不断地滴出来。通过实验，巴甫洛夫得出结论：胃液的分泌并不是受食物直接刺激的结果，而是在大脑控制下的活动。

后来，巴甫洛夫用类似的实验证明，胰腺和胃腺等主要消化腺分泌都受神经的调节支配。巴甫洛夫的经典性实验在重要的理论和实际问题方面把生理学引上了正确的道路。

1890年，巴甫洛夫被任命为军医学院的药物学副教授。第二年，院方为他布置了一个实验室，并配备了助手，物质条件有了很大的改善。为进一步研究食物进入胃腔后胃液的分泌状况，1893年，巴甫洛夫想到，从胃壁裁开一小块，把它缝合成一个与胃腔隔开的盲袋状小囊，小囊的开口在腹部皮肤之外。小囊与大胃的胃腔之间由胃内壁黏膜隔开，但又与大胃之间保持着血液循环和神经联系，因此，从小囊开口可以得到纯净的胃液，而小囊的胃腺分泌活动恰如一面镜子一样，反映出整个胃液分泌情况。

制造这样一个小囊，曾遇到许多技术上的困难，耗时半年多，死了30多条狗。一些同事认为这不可能成功，劝巴甫洛夫放弃。但巴甫洛夫是个一旦认准了的事，就必定坚持下去，不成功就决不罢手的人。

1894年，巴甫洛夫终于成功地完成了这一著名实验，人们把这个小囊称作“巴甫洛夫小胃”。实验证明：被吸收的食物数量、种类和胃液数量有密切关系。这一实验获得了关于消化腺分泌的全过程和消化液成分的基本材料，为搞清神经系统对整个消化过程的调节机制奠定了基础。

从1895年起，巴甫洛夫转向其他消化腺和消化过程的研究。经过多年坚忍不拔的努力，巴甫洛夫终于揭开了消化生理的秘密，阐明了完整机体在正常生活条件下消化机能的内在规律。他所创造的“慢性实验法”，不仅使消化生理学焕然一新，也促进了整个生理学的改造和发展。

1904年，巴甫洛夫由于在消化生理学方面的卓越成就而荣获诺贝尔生理学或医学奖。他是世界上第一个被授予诺贝尔奖的生理学家，也是第一个被授予诺贝尔奖的俄罗斯科学家。

1907年，英国皇家学会选他为最高级院士和外籍会员。从此，牛津大学和其他各国大学选派优秀学生，前往追随巴甫洛夫就学。在他主持的研究部门里先后有300多位国内外的生理学家和医学家学习过。

四、条件反射学说

巴甫洛夫在研究消化生理时，观察到动物看到和嗅到食物即产生唾液和胃液的“心理性”分泌。这一现象促使巴甫洛夫开始进行高级神经活动生理学的研究。

巴甫洛夫吸取了谢切诺夫“反射论”的精华，以狗和猿为实验对象，做了一系列不同的实验。除婴儿生来就会吮奶、吞咽，手指碰到烫的东西会缩回，食物进口会分泌唾液等这些“非条件反射”外，他又发现另一类反射，即获得性反射。比如，只要把肉放在狗的面前，并没有让它吃到嘴里，狗就会流口水。巴甫洛夫认为，这是因为狗在以前多次吃肉时，视觉、嗅觉、味觉器官所受到的刺激传入中枢，在狗的大脑皮层的不同区域，形成三个兴奋灶。久而久之，这三个兴奋灶之间的联系渐渐加强，以致肉的形状和气味一旦在狗面前出现时，就如同肉已经吃到嘴里一样，引起唾液分泌的反射。这类反射是后天形成的，巴甫洛夫把它称作“条件反射”。这就是所谓“心理性”分泌的生理过程。

• 保存于俄罗斯梁赞的巴甫洛夫博物馆的一条狗的标本，挂在嘴角的管子会被插进嘴里，对所分泌的唾液进行测量

条件反射不是先天的。巴甫洛夫做过这样的实验，他把肉投给一只出生后只吃奶而从来没吃过肉的狗。这只狗

不仅不分泌一滴唾液，且仅用鼻子嗅了嗅后，就走开了。

巴甫洛夫为了证实条件反射学说，科学地测定唾液分泌状况，他在狗的颊部开刀，造成一个瘘管。瘘管的开口通往一个仪器。实验结果发现，至多只要几十次，就能使狗形成对某一信号的条件反射。巴甫洛夫用与食物无关的条件，如铃声或灯光来刺激狗，狗绝不会因见到灯光或听到铃声而分泌唾液。但若把铃声或灯光和食物联系在一起，即每次给狗喂食时铃声响起，或灯光亮起，这样的实验少则几次，多则十几次、几十次后，即使不给狗吃食物，只要铃声响起或灯光亮起，就会使狗的唾液腺产生反应，分泌唾液。

刺激信号不仅是铃声和灯光，就连脚步声、流水声，甚至用棍子打、烙铁烫、针刺，只要同食物联系起来，都会形成条件反射，以至于狗挨了打、烫或刺，就立即会垂涎三尺。

巴甫洛夫发现了条件反射，就是发现了动物和人类本身基本的、也是最普通的现象。

巴甫洛夫精力极其旺盛，进入高龄后，仍积极从事研究。在70多岁高龄时，他为自己又出了一个新的研究课题：在研究动物条件反射基础上，研究人脑的活动。

五、“巴甫洛夫正在死亡”

巴甫洛夫在研究狗的高级神经活动时注意到，不同的狗对于同一强度的条件刺激的反应不同。用铃声与食物配合进行训练，有的狗只训练一两次就形成了条件反射，有的狗则需要训练十几次才行；在形成条件反射后，狗分泌的唾液量也不同，已形成的条件反射的巩固程度也不同。他认为，这是因为狗的大脑皮层兴奋过程与抑制过程的强弱不同。

巴甫洛夫在研究中发现，人的高级神经活动比动物大大发展了。人同样可以用光、声、嗅、触等刺激作为信号，以形成各种条件反射。这些信号直接作用于眼、耳、鼻、舌、身等感觉器官，这些都是现实具体的信号，是与动物所共有的。此外，语言也可以引起条件反射，包括听到的语言和看到的文字。例如，让小孩吃糖，他一吃到糖就会有口水分泌，这是非条件反射。他吃过几次后，见到糖也会馋得流口水，这就是条件反射，属于对具体信号的反应。当这个小孩懂得语言后，听到别人议论糖时，也会有口水流出来，这就是小孩对语言——一种抽象信号——的反应，这也是一种条件反射，是人类所特有的机能。

巴甫洛夫指出，引起人类条件反射的有两类性质不同的信号：第一信号是具体的信号，第二信号（语言）是抽象的信号。人脑有两个信号系统，第一信号系统与第二信号系统，动物只有一个信号系统，相当于人的第一信号系统。只有人才有第二信号系统，这是人类区别于动物的主要特征。

巴甫洛夫根据神经的兴奋与抑制作用，把人类的神经类型分为三大类：第一类为艺术型。这一类人的第一信号系统占优势，他们的形象的感情活动能力强，以画家、音乐家和作家为代表。第二类为思想型。这一类人的第二信号系统占优势，他们的抽象的语言思维能力强，以数学家、语言学家和哲学家为代表。第三类为中间型。这一类人具有第一信号系统和第二信号系统之间的活动能力。

巴甫洛夫提出的两个信号系统学说，是有史以来第一次对人类特有的高级神经活动所作的科学论述，为研究人类大脑皮层的活动开辟了新的途径。

巴甫洛夫还广泛地研究了神经活动的各个方面，包括：神经心理疾病的病理学；用药剂及其他方法促进睡眠，以治疗神经异常等。他为大脑生理学开辟了新的研究领域，为生理学的发展做出极大贡献。

巴甫洛夫为人谦逊、质朴，生活勤俭，不抽烟、不喝酒。他除从事科学研究外，还热心参与各种社会活动。他曾做过多年俄罗斯医师分会副主席，后来又担任主席；他是医师体育会的组织者，并担任多年会长；他是圣彼得堡医师互助会名誉审查委员，后担任主席；晚年，在他的领导下，组成了生理学会，创办了《生理学杂志》。1935年，第十五届国际生理学会议在列宁格勒（圣彼得堡）和莫斯科举行，86岁高龄的巴甫洛夫亲自领导筹备并主持了这次国际盛会。在会议上，这位受到全

• 巴甫洛夫纪念铜章

世界生理学家崇敬的老人，做了最后一次生动而精彩的报告。第二年，他不幸患了流感性肺炎。在病中，他还不忘观察和记录自己的病象。他觉得，日益临近的、不可避免的死亡，是值得研究的现象，就是死，也要死得像一位真正的科学家。在生命的最后一刻，巴甫洛夫一直密切关注着自己越来越糟糕的身体情况，不断向坐在身边的助手口授生命衰变的感觉，他要为一生至爱的科学事业留下最后的感性材料。很多人得知他病重前来探望。为了科学，对于人们的关心，他只好加以拒绝：“巴甫洛夫很忙……巴甫洛夫正在死亡。”

1936年2月27日，这位为科学耕耘一生的科学老人走完了他的人生之路。苏联政府在巴甫洛夫的故乡梁赞城建造了巴甫洛夫陈列馆，并树立了巴甫洛夫纪念碑，以纪念这位伟人对科学和人类做出的伟大贡献。

莫泊桑

——一个被誉为“短篇小说之王”的人

他不到30岁就患上了偏头痛，30岁以后，又患上眼疾，时好时坏，成为他不堪其苦的两大病痛。33岁后，一种使他的精神受到极度刺激的病征开始出现，就是幻觉。到后来，幻觉已经达到非常严重的程度，当他走进自己的书房时，竟感觉有一个同自己一模一样的人，坐在自己的扶手椅上。他伸手去摸，却空无一人。当他伏案写作，会看到有人进来，而进来的人却是自己。1883年之后，他受到多种疾病的侵袭，偏头痛、神经痛、幻觉、失眠、视觉障碍、消化不良、肢体麻木等症状已全面加重。可恰在此时，他的文学创作达到鼎盛时期。五年间，他一共发表长篇小说三部、游记一部、中短篇小说和专栏文章200余篇，包括《一生》《漂亮朋友》《温泉》《骑马》《两个朋友》《米隆老爹》《我的叔叔于勒》《伞》《项链》等传世佳作。每一篇作品，都是他以惊人的毅力强忍疾病的煎熬，经过一番苦战而夺来的战利品。在这种状况下挣扎写作，该要有多么顽强的毅力！他就是法国作家、“短篇小说之王”莫泊桑。

一、愉快的童年

1850年8月5日，居伊·德·莫泊桑（Guy de Maupassant，1850～1893）生于法国诺曼底省迪耶普小城一个没落贵族家庭。父亲居斯塔夫没有固定职业，经常外出浪荡，家中事务全由母亲操持。母亲洛尔文化修养颇深，精通希腊文和拉丁文，通晓意大利文和英文。在文学上，她不但熟读古今名著，而且有精深的鉴赏力。她经常给小莫泊桑讲述古希腊、古罗马的神话故事，朗读莎士比亚话剧中的精彩片断。

后来，父亲在巴黎一家银行当了出纳。1859年10月，母亲带着孩子同丈夫一起迁居巴黎。小莫泊桑被送进拿破仑公学读书。莫泊桑在这所中学里的学习成绩时好时坏，不过老师对他的印象颇佳，尤其他的作文十分出色。

• 法国诺曼底的莫泊桑故居

到1860年底，父母终因兴趣、爱好不同，协议分居。母亲带着莫泊桑住在埃特雷塔的凡尔居别墅里。此地靠近海边，有水、沙滩、果园、草地，每天涛声、鸟语、虫鸣交织一片。

母亲规定小莫泊桑每天在书房里学习一定时间，由她讲述，指导他阅读古今文学名著及莎士比亚的作品。更多时间里，母亲把大自然当作主要课堂，等儿子做完功课，就陪他到田间或海边漫游，观看鸥鸟的飞翔、太阳的出没，启发他领略大自然的美，并告诫他：“你什么时候要写一样东西，一定要先把这样东西观察得十分清楚，才能下笔。”母亲的爱滋养着莫泊桑幼小的心灵，也启迪着他的文学才能。

有一次，她陪儿子到悬崖下游玩。这里的坑洼处蹦跳着搁浅的鱼儿，引起小莫泊桑极大的兴趣。不知不觉间，海水涨潮了，潮水来势汹汹。母亲连忙拉着儿子奔逃，使出惊人的力量，推着他攀上悬崖。惊魂稍定，母亲久久地把莫泊桑搂在怀里。莫泊桑以钦佩的目光注视着勇敢的母亲。

1863年，莫泊桑年满13岁，母亲决定把他送到一所教会学校接受正规教育。在这所学校的餐厅里，贴着一幅很大的标语："严格如斯巴达，优雅如雅典。"莫泊桑每天天不亮就得起床，参加清晨5点钟的弥撒，即使在严冬，冻得浑身发抖，也不敢搓搓手、跺跺脚。因为神父就在四周监督着，动辄就罚学生吃青苔。做完礼拜，还要默想，并向神父汇报自己默想的结果。在莫泊桑看来，这种思想折磨真比肉刑还要残酷。

为了摆脱学校生活的苦恼，莫泊桑开始练习写诗。其中有一首诗是祝贺表姐结婚的，诗中隐含着反对教会的思想。结果，他被学校开除了。不过，这对莫泊桑来说，却是一件高兴的事。从此他摆脱了贫乏无味的学校生活，重新回到了大自然的怀抱。

二、十年磨一剑

1868年10月，莫泊桑被送进鲁昂著名的高乃依中学读书。这所学校的前身虽是耶稣会教士所办，然而教学内容和教学方法都相当开明。莫泊桑深感学校的优越，很快就对这里的一切发生了兴趣。尤其使他高兴的是，这里有几个好伙伴，他们不仅一起玩，而且都爱好文学。莫泊桑热衷于写诗，写好就读给他们听。海浪、悬岩、田野、月夜……都能激起他的诗情，就这样，他得了个"诗人"的雅号。

有一天，莫泊桑路遇著名诗人路易·布耶。他向布耶表达了自己想做诗人的愿望，布耶收下了这个学生。布耶是一位既亲切又严格的诗人，他提示莫泊桑，艺术领域的工作，需要耐心和埋头苦干，并说："假使你能够作出一百句显出本来面目的诗，你就可以成名了。"这几句话让莫泊桑醒悟到，每一首诗的真正意义，在于有独创性和实际内容。

在布耶的指引下，莫泊桑孜孜不倦地练习诗歌的写作。可惜的是，路易·布耶不久就逝世了。这对莫泊桑来说，无疑是极大的打击。幸好舅舅的同学、母亲的好友福楼拜[①]毅然挑起培育莫泊桑的担子。

1869年10月，莫泊桑进入巴黎法学院学习。第二年7月，普法战争开始后，莫泊桑被征召入伍。第二年，即1871年1月18日，普法战争以法国的丧权辱国而结束。莫泊桑参加这场战争，本想杀敌立功，可看到的却是弹药、粮秣不足，打起仗来，将不知兵，兵不知将，与装备精良的普军一接触，立刻被打得落花流水，全线崩溃。

退伍后，迫于生计，莫泊桑于1872年3月20日进入海军部，开始了小职员生涯。此后，他整天与公文打交道。简单、机械、重复的工作并没有消磨莫泊桑的意志，为在文学上成就一番事业，他见缝插针，脱下军装后，立刻恢复了因战争而中断的对福楼拜的每周拜访。

为了寻找适合自己的道路，莫泊桑在广阔的文学领域里展开全面攻势。他不知疲倦地习作诗歌、戏剧和小说，请福楼拜对他的作品细加品评。诗歌是莫泊桑最熟的行当，已写了十年诗歌。可以看得出，他在这方面确无天才，他自己也逐渐意识到这一点。此后，他把习作的重点转向短篇小说和戏剧。

1876年，莫泊桑的短篇小说接连载诸报刊，大大鼓舞了他致力于小说创作的信心。但福楼拜却告诫他：不能凭想象写小说，而应着重生活，牢牢立足于生活的泥土之上。老师的教导使莫泊桑豁然开朗，从而更勤奋地投入到短篇小说的习作中。在经历过多少曲折之后，他终于找到自己应走的康庄大道。

目标既定，福楼拜对莫泊桑的指导也就更具体了。他告诉莫泊桑，独创性对于一个作家来说至为重要，而独创性来源于用心观察的结果。

---

① 居斯塔夫·福楼拜（Gustave Flaubert，1821～1880），19世纪中叶法国重要的批判现实主义作家。他的“客观而无动于衷”的创作理论和精雕细刻的艺术风格，在法国文学史上独树一帜。他的主要著作有《包法利夫人》《萨朗波》《情感教育》《圣·安东的诱惑》《圣·玉连外传》《一颗简单的心》《布法与白居谢》。1880年5月8日，福楼拜逝世，享年59岁。

他说："在全世界没有两粒沙、两只苍蝇、两只手或两个鼻子是绝对相同的，对自己要表现的东西，一定要长时间地观察，才能发现别人没有发现过和没有写过的特点。"至于语言的锤炼，福楼拜要求弟子："不论人们所要描写的东西是什么，只有一个词最能表示它，只有一个动词能使它生动，只有一个形容词能使它性质最鲜明。因此就得去寻找，直到找到这个词、这个动词和这个形容词，而绝不要满足于'差不多'。"

在文学大师的指导下，莫泊桑一步步攀登文学艺术之顶峰。年复一年，他时时注意观察和捕捉生活中一切事物的特点，用文学语言作描写人物和环境的练习，构思出一篇篇小说的蓝图。针对莫泊桑急于发表小说的心情，福楼拜这位严师却一再告诫他，不要急于发表一些模仿性的小说，不要拜倒在任何人面前，不要操之过急！

莫泊桑经过艰苦的磨砺，写出来的东西和过去大不相同了。他写的东西是那么自然，那么得心应手，达到了出神入化的境地。

三、横空出世

1879年的一个晚上，左拉邀请了包括莫泊桑在内的几位好友聚集梅塘别墅。与往常一样，他们一边喝着咖啡，一边天南海北地聊着感兴趣的话题，话题后来转到了1870年的普法战争。对法国人来说，这是19世纪最惨痛的大事。事情虽然过去好几年了，但大家谈起来依然是十分激动和愤慨。这时有人提议：既然大家都难以忘怀这场战争，何不以之为背景，各自写一篇小说呢？

莫泊桑回到自己的寓所，冥思苦想：写些什么呢？他亲历过这一战争，所以当他回想往事时，法国各阶层人士都一一浮现在眼前：皇帝与他的亲信举白旗投降，而所谓上等人则更多的是关心自己的利益；普通百姓如老农、市民、妓女、民兵和年逾花甲的村妇等，面对骄横跋扈的侵略者，他们做了他们力所能及的事情：有巧妙地将敌人诱入无人之地，迫使敌兵缴枪投降的农村大娘；也有接到儿子阵亡通知书后，强压悲痛，立志复仇的农夫；还有手无寸铁的妓女和平民百姓，在强敌面前，表现出临危不惧的凛凛正气……

就这样，他写了《羊脂球》。故事写一辆马车从被普鲁士侵略军占领的卢昂出发，向尚未沦陷的勒哈弗尔港驶去。车中的乘客有工业家、贵族、商人、修女和民主党政客，还有一个叫羊脂球的妓女。同行的那些自命高贵、圣洁的人对羊脂球极为轻蔑。可是，当马车在途中错过了旅店，饥肠辘辘的高贵者们发现只有羊脂球带有食物，便一个个奴颜婢膝，直到把她所带的食物吃光。马车到普军关卡，为了救同车的同胞，善良的羊脂球答应敌军军官的无耻要求。然而事后，那些得救者却对羊脂球备加轻蔑。小说以真实的细节、精练的语言和炉火纯青的技巧，使这篇小说构成一幅战争时期法国的社会图景。作品中善与恶的对照，不露痕迹，却能使读者自然地产生对战争的憎恨、对人民的同情和对所谓上等人的蔑视。

几天后，莫泊桑等人带着各自的文稿又相聚于梅塘别墅。他们相互传阅着各自的小说。据说，当大家看完全部手稿时，在场的人都为《羊脂球》的精彩内容和高超的艺术技巧而深感意外。他们激动万分，全体起立，像对一位大师一样向莫泊桑表示敬意。

1880年4月15日，这组小说以《梅塘晚会》为名问世。小说集发表后，立即在巴黎引起轰动，人们争相购买阅读。短短一个多月时间，这本书竟再版八次。当时已颇负盛名的左拉创作的《磨房之役》是这本小说集的首篇，但最受欢迎的无疑是默默无闻的莫泊桑的《羊脂球》。

最了解自己弟子的福楼拜，独具慧眼，立即洞悉了它的非凡价值。他在随即给莫泊桑的信中称赞说：“我认为《羊脂球》是一部杰作……文章构思很新颖，通篇浑然一体，而且风格卓越。景物和人物如在眼前，心理描写很有功力……我真想拥抱亲吻你一刻钟！”

一举成名的莫泊桑，自此一发不可收拾。在接下来的10年里，他才情迸发，文思如泉。他还要不懈地奋进，向更高的艺术顶峰攀登。

四、短篇小说之王

1880年5月，《羊脂球》发表后不久，一些报纸、杂志约稿蜂拥而至。1881年4月，莫泊桑为了应付约稿，最终辞去公共教育部的职务，成为一名职业作家。在众多报刊的大量需求推动下，莫泊桑的作品纷纷问世。

1885年前的几年间，思想性和艺术性皆令人赞叹的中短篇小说源源涌出于莫泊桑的笔端，其数量之多，质量之高，为文学史上的一大奇观。

从《羊脂球》开始，普法战争是莫泊桑关注的一个重要题材。《两个朋友》和《女疯子》通过两个与世无争的钓鱼老人、一个人事不省的病人横遭普鲁士军队戕害，有力地控诉了侵略者的罪行；《索瓦热老婆婆》《米隆老爹》《菲菲小姐》《一场决斗》《俘虏》塑造了风采各异的爱国者的形象；《瓦尔特·施那夫斯的奇遇》则是对法军腐败的辛辣嘲讽。

•《项链》

小人物的苦难是莫泊桑熟悉的又一重要题材。《瞎子》《穷鬼》描写了生前备受捉弄和欺凌、死无葬身之地的残废人；《港口》《衣橱》描写了为生计所迫而堕身娼门的无辜少女和善良母亲；《流浪汉》写的是走投无路而偷盗犯罪的失业工匠；《散步》写的是生活苦闷至极而终于自杀的小职员……这些作品，无不洋溢着人道主义激情和对被侮辱与被损害者的怜悯。

然而，从作品的数量和质量上来看，莫泊桑中短篇小说创作的最大成就，还是那些社会的风俗画。《伞》通过一个主任科员的太太千方百计让保险公司赔偿她烧了一个洞眼的雨伞的“损失”，反映出小资产者对蝇头小利的斤斤计较；《绳子》描写一个诚实的乡下人因被诬拣人钱包，不能取信于人，以致郁闷而死，反映出人们尔虞我诈的变态心理；《项链》《骑马》《保护人》表现小资产者对虚荣浮华的可悲迷恋；《我的叔叔于勒》表现亲人之间的感情也以贫富为转移的炎凉世态；《我的舅舅索斯斯邦纳》《怪胎之母》等则揭露了“拜金主义”思想。

金钱左右恋爱和婚姻，这一主题在莫泊桑的大批作品中亦有突出的反映。《在一个春天的晚上》中的那个姑娘，因为门第悬殊，只得长期默默品尝失恋的苦果；《修软垫椅的女人》中的女匠人，碍于出身微贱，甘愿为心上人自我牺牲，可无情汉却靠她的资助发家而心安理得；《遗嘱》里的那对因金钱利害而结合的夫妇，互相背叛，以致妻子在死后还要通过遗嘱对丈夫加以报复；《珠宝》和《遗产》中的两个丈夫，为了继承财产，宁愿隐忍妻子的不忠。

莫泊桑的中短篇小说的创作方法和艺术技巧，达到了空前的高峰。他极其擅长从平凡生活中择取富有典型性的人物、事件或生活断面，以小见大地反映普遍的生活真实。一次骑马、一次散步、一根绳子、一条项链都能引出一场有声有色的活剧，使人情世态毕现。尤其值得称道的是，他在构思布局上的变化，即使题材相似，在人物、情节、构思、立意、布局、格调等方面也别出心裁、各富异趣。

莫泊桑的天才还在于他既叙述生动又惜墨如金，寥寥数语就使环境的气氛跃然纸上，几句对话就能使人物的形象活灵活现。他的描写用词准确、言简意赅。他能见他人所不见，以平淡的情节塑造人物，以真实的细节凸显性格，从而使小说既有反映现实的思想内容，又是引人入胜的艺术精品，极具感染力。

莫泊桑作为中短篇小说作家博得举世公认后，并不以此为满足。他要写长篇作品，而且一定要写出杰作来。

《一生》就是莫泊桑第一部出色的长篇小说。1883年4月，该书出版发行。尽管当时书市正处在全面萧条时期，然而《一生》还是大获成功：2.5万册书在短时间内就销售一空。

1885年5月，长篇小说《漂亮朋友》出版。《漂亮朋友》依然受到广大读者的热情欢迎。小说问世后不到两个月，就已经再版27次。而到同年9月12日，已经出到37版。

《漂亮朋友》是世界文学宝库中难得的珍品，是莫泊桑卓越艺术才华的美好结晶。它与《一生》一起，已被列入世界长篇小说名著之林。

莫泊桑在其短暂的一生中，留下了300多篇中短篇小说与六部长篇小说，而且相当多都是在病痛中完成的。他在短篇小说方面的成就，使他赢得了“世界短篇小说巨匠”的美名，同时代的另一位文学巨子阿纳托尔·法朗士后来赠他以“短篇小说之王”的美称。

被病痛折磨半生的莫泊桑，1893年7月6日上午9时，在一次剧烈的癫痫发作中离开了人世，终年43岁。

弗洛伊德

——精神分析学派的创始人

他以非凡的毅力和执着的追求，致力于探索、实践和研究60年。他说："我对其他一切都麻木了，心中唯有一个信念，努力，再努力，在我的有生之年，非努力达到目标不可。"就这样，他最终建立了一个以潜意识为基石的、影响极大的精神分析理论体系。他的理论，不仅对心理学、哲学、历史学、人类学、社会学、伦理学、政治学、美学等人文学科产生了影响，而且也使当代人们对自我和世界的认识都产生了划时代的影响，并从根本上改变了对人类本性的看法。有人说他和牛顿、马克思、达尔文一样，有意识地塑造了我们每一个人的世界观。他的著作《梦的解析》与《资本论》《物种起源》《相对论》等并称于世。他就是奥地利著名心理学家、哲学家，精神分析学派的创始人弗洛伊德。

一、一个爱读善思的犹太少年

1856年5月6日，西格蒙德·弗洛伊德（Sigmund Freud，1856～1939）出生于奥地利弗赖堡市（现位于捷克境内摩拉维亚省）的一个犹太人家庭。从出生到3岁，弗洛伊德都在这里度过。父亲雅可布是毛织品商人，勉强维持一家生计。由于同父异母的两个哥哥生意连连失败，父亲不得不拿出大量金钱接济他们。到弗洛伊德懂事时，家里已没有多少钱了。一家人只得背井离乡，来到维也纳寻求生计。

有两件事让弗洛伊德终生难忘：第一件事是，在他5岁时，父亲给他和妹妹一本关于到波斯旅行的书，并让他们撕下书中的彩图。父亲这种极不严肃的教育方式，对弗洛伊德产生了相反的影响。从那以后，弗洛伊德反而有了搜集书籍的爱好。另一件事是，他七八岁时在父母的卧室里撒尿，父亲因此认为他“没出息”。这对弗洛伊德是一次精神上的打击。他从此下定决心，一定要做出成果来给父亲看。

9岁时，弗洛伊德以优异的成绩通过了中学入学考试。在中学，他始终都是优秀生。在八年制中学的后6年中，他一直是班上的第一名。弗洛伊德有强烈的求知欲，他不仅认真地学好所有的功课，而且喜欢看课外读物。看书和思索成了他学习中的最大乐趣。他也经常与同学讨论问题，探讨书中的真理。他所钻研的读物内容涉及很广，包括历史、文学、地理、数学、物理、化学、外国语言等。他善于从一些不易解决的难题中发现突破口，然后，顺着问题本身所固有的逻辑去进行解析，使初看起来令人望而生畏的难题得以解决。

弗洛伊德尤其爱读德意志文学作品，包括从古代到他生活时代的一切优秀作品。他以极大的兴趣阅读歌德的《浮士德》《少年维特之烦恼》等。莎士比亚著作中的精华部分，他能背诵得滚瓜烂熟。弗洛伊德有学习语言的天赋，他精通拉丁文和希腊文，并熟练地掌握法文和英文，他还自学意大利文和西班牙文，对于祖先的语言希伯来文，也很熟悉。

17岁时，弗洛伊德以“全优”的成绩毕业。

二、走上研究之路

1873年秋，弗洛伊德顺利地升入维也纳大学医学院。他每周除要上规定的课外，还选修了动物学家克劳斯主讲的“生物学与达尔文主义”及布吕克教授主讲的“语态和语言生理学”课。此后，布吕克教授成了他在学习和研究方面的重要导师。

弗洛伊德在学习中不盲从。对于著名学者，他始终保持既严肃又谦虚的态度：他首先领会他们的观点，然后深入地、创造性地思考。在他没有弄懂某一观点以前，绝不匆忙做出肯定或否定的结论。

1876年，弗洛伊德进入布吕克教授开设的生理研究室。在布吕克的指导下，他开始研究自亚里士多德以来始终没有解决的生理学难题——鳝鱼的生殖腺结构。他在实验室进行了多次实验，解剖了400多条鳝鱼，在显微镜下发现了一种小叶状的生殖腺结构。他认为这是鳝鱼未成熟的睾丸。虽然这一发现尚待确证，但它向解决问题的方向迈进了一大步。

弗洛伊德追随布吕克仅两年，就充分认识到观察是认识事物的基本方法之一，并熟练地掌握了观察方法的基本功。1876年秋，他成了布吕克的正式助手。布吕克为他的特殊才能专门安排了一个研究题目——神经细胞的组织学。具体说来，弗洛伊德要研究神经元的内在结构，探讨高等动物神经系统的构成细胞与低等动物神经细胞的区别。

弗洛伊德在研究中改进了观察技术，证明了低级动物的脊髓神经节细胞与高级动物的同一性，从而结束了一个长期争论不休的问题。他的证明，对进化论是个有益的贡献。

弗洛伊德在科学研究中逐渐走出单纯观察的狭窄天地。他认识到：科学研究必须把观察同理性思维结合起来，即不仅要用感性的直观，他要进行猜测、想象、联想等。

1881年3月，弗洛伊德以优异的成绩通过医学院的毕业考试。毕业后，他继续留在布吕克的生理研究室。第二年，为了生计，他接受了父亲和布吕克教授的劝告，改做专职医生。他先后在维也纳总医院、诺斯纳格的诊疗所工作。1883年5月，弗洛伊德转到梅纳特精神病治疗所。从此，他获得了真正的医学实践机会，这为日后开展精神分析提供了实际经验。

弗洛伊德在梅纳特诊疗所期间，每天除七小时工作外，用剩余时间大量研读有关精神病的著作。这时，弗洛伊德已经显露出从事精神病研究的卓越才能。

从1884年1月起，弗洛伊德开始在维也纳总医院的神经科工作。他在这里工作了三年，始终以饱满的热情进行临床医疗和研究。他先后研究了神经纤维、神经细胞、神经错乱症以及麻醉神经的可卡因的性能，并取得重大成就。

由于弗洛伊德在神经系统疾病方面的研究和治疗成绩突出，1885年春，他被任命为维也纳大学医学院神经病理学讲师。秋天，他接到赴法深造的通知。这是弗洛伊德从事医学生涯后的又一新转折点。

三、对歇斯底里病症的研究

1885年8月，弗洛伊德离开维也纳前往巴黎，师从著名神经病专家沙考特，研究重点转向一个更专门的领域——神经病治疗学。弗洛伊德参加了沙考特的一系列实验和讲演，从沙考特那里学到不少东西，而对他影响最深的是沙考特关于歇斯底里病症的治疗。

1886年2月，弗洛伊德完成在巴黎的研究计划后，回到维也纳。不久，他向医学会报告了自己在巴黎的研究成果。当弗洛伊德谈到一位男病人的歇斯底里症时，竟遭到一些权威的反对，他甚至不被允许对男性歇斯底里症患者进行治疗。

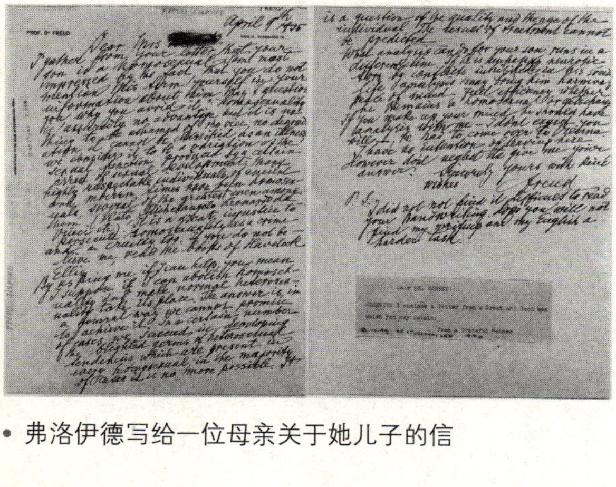

• 弗洛伊德写给一位母亲关于她儿子的信

本来，按照弗洛伊德在神经科的临床经验和研究成果，他完全有资格在维也纳大学医学院所属精神病和神经病诊疗所担任要职，但种族歧视使他只好另谋出路。幸好儿科专家马克斯·卡索维奇答应他，让他担任儿科疾病研究所的神经病科主任。在这段时间里，他进行了大量的临床治疗，尤其可贵的是，他所接触的病人大多是神经病患者。这就使他得以遇到各种类型的神经病病例，并积累了丰富的经验。他也借此机会，将自己在巴黎学习的心得应用于实际治疗。他在治疗病人的过程中，进一步深信电疗、浴疗、推拿和催眠疗法对于治疗精神病的效用，这些疗法往往能取得令人满意的效果。

从1887年12月开始，弗洛伊德更集中地使用催眠疗法。后来由于催眠疗法存在不足，他放弃了这一疗法，开始采用“自由联想法”。不可否认，正是在催眠术的应用中，弗洛伊德才得以发现在人的意识背后，还深藏着另一种极其有力的心智过程——潜意识。所谓潜意识，就是被心理抑制着的领域，栖息在角落里，要经过外力的帮助、引诱和启发，除掉精神的压力，才能转化为“意识”。“潜意识”观念是弗洛伊德精神分析学的理论雏形，他之后一系列的研究成果就是沿着这条线索一步步地发展和完善起来的。

四、从自我分析到梦的解析

1895年，弗洛伊德与布洛伊尔①合著的《歇斯底里研究》出版。该书揭示了原始意识的根源，但没有回答“在心智演进过程中，它们何时开始成为病态的现象”。对于这些问题，布洛伊尔企图用生理学的观点去回答，而弗洛伊德则认为，歇斯底里症是那些正常的受压抑的精神在反常条件下转化为变态心理的结果。为了彻底解决上述问题，1895年后，弗洛伊德沿着自我分析和梦的解析两条线进行深入的探索。

---

① 布洛伊尔（Joseph Breuer，1842～1925），奥地利医生。1880年12月到1882年6月，布洛伊尔给一个叫安娜·欧的女病人治疗歇斯底里症。他在一次偶然的观察中发现，如果能使她用言语表达出她在病症发作时的那些笼罩着她的幻想和妄念，就能去除那种意识错乱状态。这一发现，使他创造了一套新的治疗方法。依据这一方法，经过长久而辛苦的努力，布洛伊尔终于治愈了那位病人。他把这一方法简称为“涤清法”或“净化法”。后来，在医学史上，它成为了划时代的著名病例。

弗洛伊德把临床获得的经验进一步同自我分析和梦的解析结合起来。经过详细观察，逐渐认识到：每一件被遗忘的事，都有其痛苦的一面。如果以该病人的人格标准来衡量，那么，这些事就包含着不能令他苟同或使他引以为耻的观念。由于这些观念在不知不觉间形成，所以它会被遗忘，或者说使它不能在意识中存在。如果想使它重新回到意识中，就必须首先克服那些内在的阻力。

弗洛伊德的这些发现是继《歇斯底里研究》之后最重要的发现，构成弗洛伊德的“抑制学说”。我们可以设想，人的某些“本能”常常是不被社会风俗、习惯、道德、法律所容的。因此，欲望与规范就产生矛盾，最后欲望迁就规范，这就叫压抑。这些受压抑的欲望，并不因此消失，它们仍然留在“潜意识”内。在精神分析治疗中，患者难以联想起自己的隐私的这种现象，弗洛伊德称为“抵抗”或“抗拒”。

抑制作用学说是精神分析学的中心，它直接把歇斯底里症看作是本能欲望和抑制作用交互作用的产物。它是一切意识行为的基础和出发点。人类的一切精神活动，不管是正常的或变态的，都不过是这种潜意识的演变结果。人们要认识心理生活，要治疗变态心理，就必须探索意识行为及其与潜意识源头之间的联系，考察潜意识的活动方式及规律。

正是基于这种认识，弗洛伊德开始在自己身上进行自我试验。这种自我试验的过程也就是“自我分析”的过程。这一过程是从童年生活的再现开始的。对于童年生活经历的发掘，使弗洛伊德发现人类潜意识的基本成分恰恰就是幼年生活的凝缩物。因此，有目的地再现幼年的生活经历，将有助于了解潜意识的内容及其形成过程。

为了进行自我分析，弗洛伊德在父亲逝世后，便不断地询问母亲，打听自己在小时候的生活情景。他把母亲提供的材料同自己所能回忆到的印象关联起来，又把自己在童年时代的心理表现同成年后的许多心理现象加以比较。这就为他进一步自我分析提供了有价值的启示。

弗洛伊德的自我分析所取得的第一个重要成果就是发现儿童的“性本能”对于人一生心理发展的决定性影响。当他在自我分析中发现，自己从小就有亲近母亲的特殊感情，他得出了一个极其重要的结论，即人从小就有一种“性欲”。而且这种“性欲”构成人的最基本的“原欲”，弗洛伊德称之为“性动力”或“性原欲”。由此，他进一步创立了“恋母情结”理论。

弗洛伊德在临床医疗活动中，也同自我分析一样，逐渐把注意力集中到潜意识上面。他越来越多地发现，做梦同潜意识关系密切。这一发现使弗洛伊德看到了研究和分析梦对探索潜意识的重要意义。

经过大量的工作和艰苦的努力，到1899年11月，弗洛伊德的《梦的解析》面世。在这部著作中，他认为：人精神活动的基础是意识，意识的后面是潜意识。当人睡眠时，自觉的意识停止活动，梦就成了潜意识最生动、最典型、最纯洁、最真实的表演。因此，要破译人的潜意识，可通过梦的解析来完成。《梦的解析》的出版，标志着弗洛伊德对人类精神活动的研究达到一个新的高度，标志着精神分析学作为一门学科正式诞生。

1900～1905年，理论上和实践上的需要，都迫切要求弗洛伊德集中解决“性”的问题。《少女杜拉的故事》的准备和发表过程，为全面解决性学理论提供了理论上和材料上的准备。

• 弗洛伊德认为，人的心理就像一座漂浮于海上的冰山，可分为意识、潜意识和前意识区域

性心理是隐藏得最神秘的心理因素。在常态心理中，我们只能看到被意识控制和加工了的性心理，而这些正常的性心理只是性心理的极小部分，而且，这是经意识和社会规范改造了的部分，远不能代表真正“性动力”的本来面目，更不能由

此看出早已消逝的、童年的性欲。

相反，在歇斯底里症变态心理中，在梦中，性动力便赤裸裸地表现出来。所以，弗洛伊德研究性心理也是从性变态入手。换言之，性变态乃是性动力的一种暴露手段和通道，由此可以窥见人的性秘密。

1905年，弗洛伊德完成了《日常生活的心理分析》和《少女杜拉的故事》之后，就集中精力研究性心理。弗洛伊德将他对性理论的研究集中在《性学三论》中。文章讨论了性异常的病理，性发展过程、性动力理论以及性动力在人类行为中的种种表现，阐明性心理在人类心理活动中的重要影响及其活动规律，论证了性动力对潜意识形成的决定作用。

五、走向世界

1910年3月在德国纽伦堡召开的第二次国际精神分析大会，是弗洛伊德从业生涯上，也是精神分析学发展史上的一个里程碑。此后，弗洛伊德成了国际知名的科学家，他的学说迅速传播到世界许多国家。

在欧洲，各国在召开的各种医学工作会议上，都纷纷讨论精神分析问题。在美国，1910年5月2日，美国精神分析学会在华盛顿正式成立，《变态心理学杂志》成为该学会的机关刊物。在俄国，奥希波夫和他的同事正忙于翻译弗洛伊德的著作，莫斯科设立《精神治疗法》杂志。与此同时，在法国、意大利、澳大利亚等国也开始研究和翻译弗洛伊德的书。

• 弗洛伊德（前排左一）与其他心理学家的合影

第一次世界大战（1914年8月～1918年11月）爆发后，弗洛伊德诊疗所的病人越来越少。从1916年开始，他的生活遇到许多困难，面临食物短缺的威胁。弗洛伊德还患上严重的风湿症，写字时手不停地颤抖。他的下颚癌的最初症候亦开始显现。

1918年11月，第一次世界大战结束，国际精神分析出版社在维也纳成立。精神分析学开始深入人心，并渗透到社会生活各个领域。从此，精神分析学的发展迈入了一个崭新的阶段。

1920年3月，《快乐原则的彼岸》发表，该文是弗洛伊德在整个20世纪20年代所写的有关本能的一系列论文的第一篇。“本能”理论的建立，使弗洛伊德关于潜意识的理论更加成熟。

弗洛伊德觉得，他的潜意识理论迄今为止尚未最终解决“潜意识何以能发生作用”这个根本问题。这实际上涉及潜意识的来源、性质及其发生作用过程等一系列重大问题。经过周密的思索，弗洛伊德终于发现：“在心理学领域内，为了兴建更加高大的理论大厦，再没有比建立一整套关于本能的基本原理更加重要和更加急切的事情了。”

通过对各种冲动及其本源的研究，弗洛伊德把本能分为两类：“生的本能”和“死的本能”。他在20世纪20年代所发表的著作中，有相当大的部分是研究“本能”“本我”“自我”和“超我”概念的。

在他看来，一切精神科学以及与此有密切关系的人文科学，都必须反映人类心理活动的基本规律。只有这样，写出的作品才能引起人们的共鸣。精神分析再也不是纯粹属于医学的东西了，已经被应用到文学和美学，以及宗教史、史前史、神话、民俗学乃至教育学领域。

弗洛伊德身体越来越衰老，更严重的是，从1923年起，潜伏多年的下颚癌开始恶化，他忍受着肉体上的巨大痛苦。所以，他必须在克服内外困难的斗争中发展自己的事业。

1930年，弗洛伊德获歌德奖，这是一项他非常重视的荣誉。第二年，故乡为庆祝弗洛伊德75岁寿辰，以他的名字命名他出生的那条街。1936年，他被接纳为英国皇家学会通信会员。

1933年，希特勒在德国上台后，疯狂地迫害犹太人。1933年5月，柏林正式宣布弗洛伊德的书是“禁书”，并焚烧了所有弗洛伊德的著作。1938年3月，德国法西斯入侵奥地利。在别人百般劝说下，弗洛伊德终于同意离开维也纳前往英国。到达英国后，他受到英国的精神分析专家、著名科学家、犹太人协会代表的热烈欢迎。但这时，他的病情更趋恶化。

1939年2月，弗洛伊德的下颚癌已经发展到无可挽救的地步。英国医学界尽全力医治，但终归无济于事。9月23日午夜，弗洛伊德的心脏停止了跳动。

弗洛伊德漫长的、充满斗争的一生结束了，但他的思想和精神遗产却留给了世界。

罗 丹

—— 一位始终如一的雕塑大师

奥古斯都·罗丹是19～20世纪最著名的雕塑家。今天的艺术评论家们称他“上承希腊古典艺术的传统，下开现代艺术的先河”，是继文艺复兴艺术大师米开朗基罗以来世界艺术史中最广为人知的雕刻艺术家。他一生历经坎坷，直到近50岁，还像一个工人一样生活着。他尝遍贫困之苦，却始终不改其志。成名之后，他依然故我，不为盛名所累，不离不弃地坚守自己的创作理念和思想。罗丹的挚友，曾经担任过他私人秘书的奥地利诗人里尔克曾这样评述道：“罗丹在得到他的荣誉前是寂寞的，而荣誉的到来使他更加寂寞。因为荣誉归根到底只是一个新的名字聚集起来的一切误解的化身。”

一、立志

1859年，欧洲最著名艺术学院之一——巴黎国立高等美术学院——雕塑专业一年一度的入学考试正在学院宽大而冰冷的圆形大厅中进行着。所有考生必须在6天里，以每天两小时的时间，完成一座人体雕塑，时间相当紧张。当时19岁的罗丹为了实现成为一个艺术家的愿望，已经是连续第三次参加这个考试了，在当时传统保守的艺术世界，进入巴黎美术学院，似乎是这位充满幻想的年轻人唯一的选择。

1840年11月12日，佛朗索瓦·奥古斯特·勒纳·罗丹（Francois Auguste Rene Rodin，1840～1917）出生于巴黎。父亲让·巴蒂斯特·罗丹是来自于法国西北部诺曼底乡间的农夫，靠着赶马车运货来到巴黎。由于能读会写、粗通笔墨，在巴黎警察署谋到了一个编外见习的差事。依靠他坚韧的个性，一步一步提升到了市警督的位置。他满心希望自己的儿子有朝一日也能像他一样，进入政府机关，做一个循规蹈矩且体面的公务员。

“罗丹”在诺曼底地区有红色的意思，罗丹一家大小也全都长着一头漂亮的红头发。可是除此之外，胖墩墩的小罗丹和父亲的相似之处却并不多。他从小就是近视眼，天性又害羞怕生，总是躲在角落里，对爸爸的唠叨充耳不闻。似乎能够引起他兴趣的只有妈妈上街买回家的食物包装纸。他总是喜欢把上面的图画看了又看，然后照着样子一笔一画地画下来，而且乐此不疲。

老罗丹希望儿子能够出人头地，将他送到远离巴黎的一所寄宿学校。但是经过四年学习，老罗丹彻底失望了，他的儿子对拉丁文、算术等课程没有一点兴趣。沉默寡言的小罗丹只是喜欢画画，仿佛绘画才是他和这个世界最得心应手的沟通方式。除此以外就是阅读他最崇拜的意大利文艺复兴时期的艺术大师米开朗基罗的传记。当罗丹14岁时，终于放弃了学业回到家里。老罗丹气急，逼问儿子：“你究竟想干什么？”小罗丹的回答让他大吃一惊：“我要当个艺术家！”

老罗丹认定儿子是一个只会异想天开的“呆子”。在他眼里，艺术可不是一个什么正经职业，所谓的艺术家大多是一些不能养活自己且游手好闲的流浪汉罢了。可是不管老罗丹如何苦口婆心地劝说，从来对父亲唯唯诺诺的儿子在这一点上却是咬紧了牙根，死活也不肯让步。最终，在母亲和姐姐的支持下，父亲让步了。1854年，罗丹被送进了巴黎皇家绘画学校。这成了罗丹一生中的重要转折点。

皇家绘画学校是当时一座免费艺术学校，以培养艺术工匠为主，也是许多热爱艺术事业的穷学生进入高等美术学院的跳板。皇家绘画学校十分注重培养学生的观察力，坚持从大自然和生活中直接提取素材。这种当时颇为新颖的教学方式令罗丹获益匪浅，他立志绝不当一个循规蹈矩碌碌无为的工匠，而是要成为一个真正的艺术家。

学习了一年绘画后，有一天罗丹无意中走进了学校的模型室，第一次看见里面的各种塑像。罗丹犹如醍醐灌顶，忽然发现了一个崭新的世界。这种艺术天份仿佛早就隐藏在他的血液中，尤其当他第一次触摸到雕塑用的黏土时，“欢喜得就像飞上了天”。雕琢、塑造这种技术对于他来说几乎是一学就会。他相信已经窥见了自己的人生之路。他一段一段地塑捏手臂、大腿、头颅，然后将它们拼接成一个完整的人像，仿佛一下子领悟了“人体的整体结构”。

时间一下子变得不够用了，他每天学习工作近18个小时。除了学校的课程，他每天还要去卢浮宫临摹，以及到前辈雕塑大师的工场观摩。学得越多，他越感到自己知识的贫乏。为了充实自己，他每天跑到图书馆，阅读各种文学作品。生活变得充满幻想，就像生命被注入了新鲜的血液。

1857年，他以雕塑一等奖的成绩毕业，老师和同学都认为他是一个雕塑天才，只要进入高等美术学院学习、磨炼，就一定会在雕塑艺术世界大有作为。可是，罗丹没有预料到，作品里生气勃勃的现代派气息与传统保守、奉古典主义为圭臬的高等美术学院的大师们的口味格格不入。这令他在入学考试中连连受挫。在第三次考试中，罗丹竭尽全力，努力使自己的作品尽量符合美术学院的专家们的“理想模式”，但是刚愎自用的主考官只是淡淡地瞥了一眼罗丹精心塑造的塑像，就在罗丹的考生表格上草草地写下了“不予录取”。罗丹又气又急，追问究竟是什么原因？不料考官二话不说，提起笔来，又在表格上写道：“此生不可造就，毫无才能。完全不懂雕塑造型，再考也是浪费时间！”罗丹被彻底否定了，在报考的44名考生中名列第41名。自此，罗丹只能走自己的路了。

二、磨砺

19世纪50年代的巴黎，正开始着一场翻天覆地的巨变。在拿破仑三世的支持下，巴黎市长奥斯曼男爵正在策划一次对巴黎城区的大规模改建。在那些年间，巴黎城简直成了一个巨大的工地，建筑和装饰领域成了当时最炙手可热的行业。罗丹生逢其时，接手了大量热爱的装饰雕塑工作，得以一展他的艺术才华。为了生存，他辗转于城市中的各个工场，几乎学会了这一行的所有技能：从大理石上的开料、打样、凿毛坯，到对建筑内外装修雕饰，甚至在金属工场加工精细首饰，都做得十分出色。罗丹动作迅捷，技艺精湛，几乎在“几个钟头之内，就能捏塑出一座人体雕像来”。慢慢地，他在巴黎的各个雕塑工作室之间已经小有名气。但是罗丹并没有丝毫满足，因为“在这些地方，雕塑家的目标只是取悦于人，为了博得更多人的欢心，即使牺牲艺术也在所不惜”。这和他心目中的艺术相差实在太远了。

随着雕塑技艺的不断成熟，罗丹慢慢地不再甘心仅仅只是当他人助手和做一名只能模仿名家原作的工匠。从1864年开始，他拥有了一间自己的工作室。尽管只是一个潮湿简陋、四面透风的破旧马棚，但是这里却成了罗丹为了自己的艺术而奋斗的天地。在结束白天艰苦的工作后，他在这里努力去实现他的梦想。

几个月后，罗丹完成了他的第一座杰作《塌鼻者》。这是一位贫困、丑陋而又憔悴的老者头像。但是“在这张脸上到处洋溢着生命力，仿佛有一只无情的手把它推进了命运不可抗拒的漩涡。在这个头像中，没有一条线路，没有一点交叉，没有任何轮廓，逃脱了罗丹的视线和意愿”。这是一个对美的挑战。

罗丹把这件充满热情的作品送往当年的艺术博览会（也称巴黎“沙龙”），这是当时法国艺术家扬名立万的最直接场所。这里可以让一位艺术家一夜成名，也可以让一位艺术家被永远关上登堂入室的大门，而开启大门的钥匙，是由一群为传统公认的专家和批评家所掌握的。结果，这群饱学多识的先生们几乎连正眼都不愿多看罗丹这尊雕像一眼，就判决了它的命运。罗丹落选了，这比5年前从艺术学院落榜更令他难过。

沙龙落选后，罗丹往返于巴黎和布鲁塞尔之间，默默地继续从事着一个工匠所从事的籍籍无名的工作。他阅读了大量的书籍，甚至在大街上行走时，手中也往往拿着书。有了一点积蓄，他便前往意大利，从米开朗基罗、多纳泰罗这些文艺复兴大师的杰作里去寻找滋润自己灵感的源泉。他就这样积蓄着能量，耐心地等待着他的时代的到来。

里尔克曾在他撰写的《罗丹评传》里这样描写道："在罗丹的身上有一种深沉的耐心，这种耐心几乎令他终身默默无闻。这是一种沉默的、从容的忍耐，是天性中巨大的耐性和宽容的一部分。仿佛像培植森林要从萌芽开始。这萌芽坚韧地往地下生长，一条根一条根地扎下去。仿佛在开始往上萌生幼芽之前，先要把自己固定起来。这是需要时间的。当罗丹身边少数的几个朋友催促他的时候，他总是对他们说'不必着急嘛'。"

就这样整整沉默了13年，炼狱一般的磨砺终于到了终了的时刻。1875年，罗丹的创作热情开始再度膨胀。他连续创作了《青铜时代》《施洗约翰》等优秀作品，并终于被巴黎沙龙接受。尽管当《青铜时代》刚刚展出时，由于雕像过于逼真精确，一些自以为是的评论家攻击罗丹，是用模特的身体直接做石膏模，这在当时雕塑界是一种十分令人不齿的行为。但罗丹已经变得相当成熟，也有了足够自信，他的命运、他的艺术已经不再被那些欢呼和非议所左右。他把一切都留给了时间来评判，他一如既往地工作、思考、尝试，而他的才华注定要被世人所接受。

• 《青铜时代》是一个依据真实人物塑造的男子裸体雕塑

三、坚持

1880年，法国政府收购了《青铜时代》，并为装饰艺术博物馆向罗丹订购了一件巨型雕塑：一座纪念碑式的大门。罗丹将其命名为《地狱之门》，他准备把意大利大诗人但丁的名著《神曲》用雕塑的形式再现。为构思这个巨作，他几乎整整一年都沉浸在但丁的世界里，反复研究但丁所描写的八层地狱。他要创作一件无与伦比的雕塑，把人类的情感淋漓尽致地表现出来。这座作品几乎缠绕了罗丹整个后半生，他的创作热情促使他不断地构思、修改，然后否定，再创作，再修改，上百个形体纠结盘绕，无休无止。这使得罗丹终其一生也没有能彻底完成这件恢弘巨作，但其中的局部雕像，每一件都有着独立的生命力，如《思想者》《痛苦》《三幽灵》等，都成为了雕塑史上不朽的传世杰作。

• 《地狱之门》

19世纪80年代，随着《加莱义民》《洛兰》《雨果像》这些作品的问世，罗丹已经成为巴黎最炙手可热的艺术家。1891年，法国文化协会委托罗丹为法国著名作家巴尔扎克塑造一尊雕像。一向崇敬和热爱巴尔扎克的罗丹立即开始收集这位大作家的所有资料，甚至赶到巴尔扎克的故乡去寻找灵感。当时巴尔扎克已经辞世40余年，几乎没有人还记得巴尔扎克的真实体型，留在人们记忆中的大师似乎只是一个又丑又矮、大腹便便的老人形象，这对装饰性艺术来说相当难处理。罗丹前前后后用赤陶和石膏完成了几十尊巴尔扎克像的试验品，都无法满意。无可奈何的罗丹只得放弃作家的真实肖像，自己来诠释这位大师的模样。一个偶然的机会，他发现巴尔扎克写作时总是喜欢穿着修道士的服装，这令他灵感顿生。他特意找到一个当年为巴尔扎克服务过的裁缝做了一件宽大的僧袍，套在了塑像外面。他以此为模特，完成了一个完全摆脱传统模式的巴尔扎克像。这尊乍看线条粗犷、轮廓不清的雕像，将大文豪在创作时那种狂放不羁及集“骄傲、自大、狂喜及陶醉”于一身的神韵尽显人前。

1898年，这件本来打算在18个月内完成的塑像，在整整花费了7年时光后终于大功告成。但是面对如此一尊颠覆传统的塑像，却令法国文化协会的官员们大惊失色。他们无法也不敢接受眼前这样一个巴尔扎克的形象，向罗丹郑重表示拒绝接受雕像。文化协会主席、著名作家左拉说：“这将引来一片挞伐声！”一时间，这座雕像在巴黎成了沸沸扬扬的话题，许多人甚至称之为“奇形怪状、不可名状的团块”。有一家媒体评论它为“本世纪所见脱离常规的最佳证明”。

但是罗丹不为所动，他说：“倘若真理终将衰亡，那么我的《巴尔扎克》注定将被后代砸成碎片；而如果真理不朽，我可以预言，这座雕像将会永存于世。世人之所以处心积虑诋毁这座雕像，乃是因为他们无法摧毁它。《巴尔扎克》是我全部生命的结晶，是我美学观念的轴心。”

• 罗丹整整花费了7年时光完成的颠覆传统的塑像《巴尔扎克》

罗丹决定自己保留《巴尔扎克》雕像，并在1900年巴黎举行的世界博览会上和他的所有作品一起对外展出。他几乎是孤注一掷来举办他的雕塑展，钱不够就不惜贷款。这也是罗丹对自己一生艺术的一个总结。展会上一共展出了罗丹各个时期的168件作品，作品材料包括青铜、大理石以及石膏等各种材质，结果展览大获成功，轰动了世界。

罗丹的感情生活多姿多彩，尤其是与女弟子、天才雕塑家卡蜜儿·克洛岱尔的恋情一直饱受世人的注目。这一对志同道合的艺术家在经过15年的爱恋后，最后却无缘走到一起。1917年，78岁的罗丹终于还是与陪伴了他几乎半个世纪的情人罗丝·伯雷结婚。仅仅10个月后，这位伟大的艺术家在巴黎的家中与世长辞。在罗丹去世前不久，他和法国政府签订协议，将毕生心血全部献给政府，并在他的故居建立罗丹博物馆。

罗丹在雕像《我是美丽的》的基座上，刻下几行最钟爱的诗人波德莱尔的诗句，这也是他一生的写照：“哦，凡人啊，我的爱，如幻梦，在石中。”

梁启超

—— 一个集神童、政治家、文化巨擘于一身的人

他晚年每日5点起床，工作10个小时，星期天也不休息。他有句口头禅——“万恶懒为首，百行勤为先”。36年间所著《饮冰室合集》148卷，1400万字，平均每年要写39万字。他情似烈焰，思如泉涌，万言长文“片刻即脱”。进入暮年后，他依然精力不减，笔耕不辍。他办报，办学，组织政党；代清政府大臣草拟《考察宪政报告》和其他奏章，为中国的宪政殚精竭虑；他拟订中国第一部《刑事民事诉讼法》，推动中国走向法治……他是一个真诚的爱国者。为了国家强盛，他周游列国，学习考察，奔走呼号，著书立说。他对中国学术思想做出了独特的贡献，他留下的那些有价值的著作，永远值得后人珍视。他就是中国近代思想家、文学家、国学大师，被誉为“舆论之骄子，天纵之文豪”的梁启超。

一、少年得志

梁启超（1873～1929），字卓如，号任甫，又号任公、饮冰室主人等。1873年2月23日生于广东新会县熊子乡茶坑村。祖父梁维清中过秀

才，为县学教谕。父亲梁宝瑛屡试不第，在家开馆授徒。母亲赵氏，出身书香门第，粗知诗文，贤淑聪慧，以贤孝闻名乡里。一家人靠着六七亩地和教书所得，过着半耕半读的生活。

家里把全部希望都寄托在梁启超身上，因而对他要求也特别严。父亲教导他要发愤读书，注意道德品质修养，读书之余还必须参加劳动。他一再告诫梁启超，要立志做一个不平常的人。

在家庭的良好教育下，自幼聪明好学的梁启超，被人称为岭南神童。5岁那年，他就开始读《四书》《诗经》。到七八岁时，他除一般读书识字外，还到父亲的私塾学习《中国略史》等课程，开始接受系统的中国历史知识。

据说7岁那年，有位长辈来家做客，小启超上前奉茶，客人出“东篱客采陶潜菊”命他对，梁启超随口答以“南国人怀召伯棠”。客人点头称奇。还有一次，他在父亲的朋友做客，朋友以“推车过小陌”命他对，梁启超脱口便以“策马入长安”相答。其对句之工，气魄之大，令在座众人惊叹不已。

为走科举之路，8岁那年，家人开始让梁启超学作八股文。小启超不负家人的希望，很快掌握了八股文的技巧，9岁时就能写出洋洋千言的好文。1882年，刚满10岁的梁启超便前往省城广州应童子试。这次考试没有考上，但第一次来到繁华的省会，使他开阔了眼界，增长了见识。回家后，他更加勤奋地学习。两年后，即1884年，12岁的梁启超考中秀才，补了博士弟子员。

1887年，梁启超进入广州最高学府——学海堂。他勤奋好学，很快成为佼佼者，第二年就取得专课生资格。在第三年专课生季课大考中，他又取得四季名列第一的成绩。梁启超并不以此为满足，为吸取更多的知识，他还去菊坡精舍和粤华、粤秀书院听课，以取各家之长。课余时间，他又利用学海堂奖给他的奖金购买自己喜欢的书籍阅读。在学海堂的三年里，梁启超系统地接受了有关词章训诂和典章制度等方面的知识，这为他后来的学术活动打下基础。

1889年，17岁的梁启超再次表现出卓尔不群的才华。9月，他参加广东乡试，一举考中举人。在许多人眼里，梁启超必将官运亨通，前程似锦。

1890年8月，梁启超通过同学陈千秋介绍，拜谒了康有为。他与康有为的谈话，从上午7点多钟开始，一直谈到晚上9点多钟。梁启超被康有为独特的政治见解所吸引。他毅然退出学海堂，师从康有为，走上一条坎坷而光照千秋之路。

二、投身维新运动

康有为所开设的“万木草堂”，对教学内容和形式进行了大胆的改革。他把求知和救国救民、改造社会紧密联系起来。学生既读书，又关注国家命运，从古今中外的思想宝库中寻求解决现实问题的方法。梁启超在这里学习了关于声、光、电、化和西方史、地、律例等知识及中国人写的游记、参观欧美的日记等，这使梁启超开始对西方有了初步的了解。

从学海堂到万木草堂，是梁启超学问的一大转变，也是他人生道路的重大转折。他常与朋友纵论天下大事，思考如何推动国家变法。1893年冬，他与同学韩文举一道前往广东东莞讲学，宣传康有为的今文经学，阐述维新变法、改革社会的必要性。

1894年，梁启超与夫人李蕙仙客居北京，与一批同情和倾向变法维新的人士广为结交。他们经常聚在一起研究学问，讨论问题，提倡新学。8月3日，有人上书弹劾康有为，要求朝廷销毁在社会上极有影响的《新学伪经考》一书，并禁止他在广东讲学。慈禧太后下令两广总督李瀚章查办此事。梁启超得知消息后，一面通知康有为，一面利用旅京之便，疏通关节。在他奔走活动下，李瀚章最后令康有为自行销毁其书了事。

1895年3月，梁启超结束了他在万木草堂的四年学习生活，与康有为同赴北京。但到北京后，还没来得及复习迎考，便被《马关条约》丧权辱国的条款所惊骇。他万分愤慨，与康有为当即决定发动在京举人上书拒签和约。4月22日，梁启超成功地组织粤湘两省举人共同向都察院呈递拒和请愿书，其他省的举人也纷纷响应。

在康有为的指示下，梁启超进一步动员在京的18省举人1300人，联名上书光绪皇帝，痛陈割地弃民的严重后果，要求清政府拒和、迁都、变法。这就是著名的“公车上书”。

公车上书后，梁启超继续以极大的热情致力于维新运动，积极参加创办报刊、组织学会、兴办学堂等活动。1895年下半年，他一直留在北京协助康有为成立强学会，先后负责编辑出版《万国公报》和《中外纪闻》，争取北京一些士绅和开明官僚对维新运动的支持。

• 梁启超创办并主编的《新民丛报》

1896年1月，强学会遭清政府关闭后，梁启超应黄遵宪和汪康年的邀请，前往上海参加《时务报》的创办工作。8月9日，《时务报》正式创刊，梁启超任主笔。在任主笔期间，梁启超先后发表59篇文章，其中最有影响的是《变法通议》一文。在这篇长文中，他从“法者天下之公器，变者天下之公理”这一思想出发，阐述了中国改变封建制度的必要性。他以历朝都曾改变前朝的法制等具体事例，把顽固派所谓“祖宗之法不可改”的谬论驳得体无完肤。他警告清政府，变是不以人的意志为转移的客观规律，如果抗拒这个规律，必遭列强瓜分，后果不堪设想。他还指出，变法不能只局限于引进一些西方先进技术，关键在于西方制度的引进。

除《变法通议》这篇带有纲领性的文章外，梁启超还发表了《说群自序》《论君政民政相嬗之理》等政治论文，初步表达了要以西方议会制取代封建专制制度的愿望。在这些文章中，梁启超抨击了中国历代封建君主专制制度，指出西方之所以民富国强，关键就在于兴民权、开议院，人人有自由之权，人人有爱国之心。他认为从进化的历史观来看，由君权向民权过渡，是人类社会的发展规律，中国也不例外。

梁启超为宣传变法维新所写的这些文章，不但议论新颖，富有说服力，而且文字明快流畅，深受一般知识分子和部分官僚的喜爱。《时务报》也因此取得巨大成功，成为戊戌时期最有影响的刊物。

1897年冬，梁启超应邀前往长沙，担任长沙时务学堂总教习，协助谭嗣同推动湖南维新运动。梁启超在长沙前后共5个月，1898年3月因病返沪。在回上海的舟行途中，他与同事们相约："非破家不能救国，非杀身不能成仁，目的以救国为第一义。因此意者，皆为同志。吾辈不论成败是非，尽力做去。万一失败，同志杀尽，只留自己一身，此志仍不可灰败，仍须尽力进行。"这段掷地有声的话，表达了青年梁启超以身许国的坚定信念。

1898年3月，遵康有为指示，梁启超北上进京，共襄变法大业。进京后，他多方奔走联络，经一个春天的活动，到初夏时节，终于迎来了他们梦寐以求的日子。6月11日，年轻的光绪皇帝发布诏书，宣布实行变法，开始了中国历史上有名的"百日维新"。

百日维新以"戊戌六君子"[①]被杀害而告终。梁启超也遭到追捕。无奈之中，他只好逃入日本使馆避难。在日本使馆人员的帮助下，他东渡日本，开始了14年的海外流亡生涯。

三、立宪与护国

日俄战争的结局，使中国人认识到，日本之胜是立宪政治之胜，俄国之败是专制政治之败。清政府迫于舆论压力，于1905年7月做出决

① 戊戌政变时，以慈禧太后为首的封建顽固派大肆捕杀维新党人，维新志士谭嗣同（1865～1898）、康广仁（1867～1898）、林旭（1875～1898）、杨深秀（1849～1898）、杨锐（1857～1898）、刘光第（1859～1898）于1898年9月28日在北京惨遭杀害，史称"戊戌六君子"。

定，派载泽、端方等五大臣分赴东西洋各国考察政治。1906年9月1日，清廷正式发布诏书，宣告预备立宪。

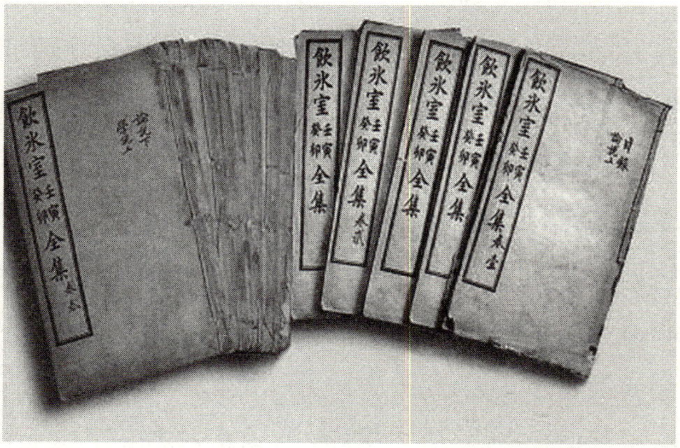

• 1904年日本东京新智学社石印版《饮冰室壬寅癸卯全集》

建立立宪政治，是梁启超自戊戌以来孜孜以求的目标。因此，他在日本看到清政府的上谕后，欣喜异常，认为这是重新进行政治改革的机会。在此后5年的海外流亡中，他把精力主要放在领导这场希望渺茫的政治运动上。

1906年11月6日，清政府公布了新官制方案。这一方案除更新几个名目，合并几个次要衙门外，对整个体制没作任何实质性变革。这使海内外的立宪派大失所望。梁启超认识到，不能将立宪的希望寄托在清政府身上，于是便着手酝酿成立新的政治团体，以推动国内宪政的实现。

1907年春，梁启超与同志商量后，决定组建政闻社。借助政闻社，他联络各方力量，积极鼓动发起“国会期成会”，要求速颁宪法，早开国会，组织责任内阁。

清政府于8月13日以“阴图煽乱，扰害治安”的罪名，宣布查禁政闻社。梁启超并没有因此而气馁。一年后，随着国内立宪运动的重新高涨，梁启超也以更大的热情致力于国民立宪运动。1910年2月，他在上海创办宪政运动中最有影响的一份刊物——《国风报》，先后发表文章100多篇，给清末立宪运动以有力的指导和推动。

梁启超对宪政理论作了系统的阐述。他指出，立宪政体必须贯彻三权分立原则，在立法、行政和司法三权中，作为立法部门的国会是立宪政体的标志。国会议员的产生，必须贯彻主权在民原则，以民选为主，兼采他法。国会的政治性质，在于“代表全国人民各方面之势力”；国会的功用，在于“以奖励竞争之形式，行调和竞争之精神”，最终以“国民全体之意思，为国家意思”。

在主持《国风报》的日子里，梁启超还为国会请愿运动大造舆论。他先后发表《国会期限问题》《为国会问题敬告国人》等一系列文章，极力宣传速开国会的主张，驳斥清政府以人民素质不高而拒绝召开国会的谬论。他甚至公开号召国内反对清政府的各政治派别捐异存同，互相提携，一起来对付清政府，建设一个新的良善政府。

正当立宪派为宪政而奋争之际，1911年爆发的辛亥革命，推翻了清朝的统治。辛亥革命的果实被袁世凯窃取。一开始，梁启超希望通过袁世凯把中国政治引上轨道，但随着袁世凯复辟帝制的野心逐渐暴露，梁启超渐渐与之疏远。1915年8月14日“筹安会”正式出笼，公开为恢复帝制鸣锣开道，梁启超便义无反顾地与袁决裂，发表《异哉所谓国体者》一文，在舆论界率先打出反对帝制的旗帜。

与此同时，梁启超还暗中与学生蔡锷[①]积极筹商军事反袁计划，指示蔡锷秘密联络云、贵的军队和各省反袁势力，准备武装起义。12月18日，梁启超在蔡锷抵达昆明的前一天到达上海，领导南方的反袁护国运动。

在上海期间，梁启超还积极争取中外各方对云南护国军的支持。在外交上，他重点争取日本的支持；在国内，则努力团结一切可以团结的力量。他写信给蔡锷，要他吸取教训，不要再抱党派之见，为袁世凯所利用。梁启超利用北洋军阀内部矛盾，向坐镇南京的江苏将军冯国璋做工作，促使他保持中立。为策动广西将军陆荣廷响应云、贵独立，3月4日，梁启超冒着生命危险，躲过袁世凯派来的密探，亲自前往广西。在他的策动下，陆荣廷也于3月15日宣布广西独立。这一举动给袁世凯以

---

① 蔡锷（1882～1916），字松坡，中国政治家、军事家。湖南邵阳人。1915年底，在梁启超影响下，他反对袁世凯称帝。后潜逃出京，取道越南回到云南。12月25日与唐继尧等人宣布云南独立，组织护国军，发动护国战争，任护国军第一军总司令。袁死后，任四川督军兼省长。之后因结核病赴日本就医，1916年11月8日病逝。

沉重打击。

袁世凯知大势已去，不得不宣布取消帝制。6月6日，袁世凯在众叛亲离中气绝身亡，护国运动结束。梁启超则因在护国运动中的重要作用，被人们称誉为“再造共和的英雄”。

四、献身文化事业

1917年，就在新文化运动走向高涨之际，梁启超辞去在段祺瑞政府中的任职，脱离政界，转向学术活动。第二年底，他又前往欧洲游历，详细考察西方文化。1920年春回国后，他便全身心地投入各项文化事业活动。

梁启超所从事的第一项文化活动是组织创办共学社，成立讲学会，推进中外文化交流。1920年3月，他到上海不久，就与一些同仁商议成立一个学术团体，组织学人著译，出版一套新知识丛书。在1922年一年里，他们就出版书籍百余种，包括教育、经济、文学、科学、哲学、史学和俄罗斯文学等。同年，他又在北京与蔡元培、张元济①、蒋梦麟等人组成董事会，成立讲学社，先后邀请美国哲学家杜威、英国哲学家罗素、德国哲学家杜里舒和印度文学家泰戈尔来华讲学，在文化界产生极大影响。

梁启超的另一文化活动是承办学校，其中花费精力最大的是改造中国公学。他于1920年接办公学后，努力扩大公学规模，着手将公学改为大学，并增办图书馆。在梁启超的苦心经营下，中国公学不但得到维

---

① 张元济（1867～1959），中国著名出版家。字筱斋，号菊生，浙江海盐人。1902年，以“扶助教育为己任”投身商务印书馆。1903年任该馆编译所所长，1916年任经理，1920～1926年改任监理。1926年任董事长直至逝世。他所参与规划的《最新教科书》获得很大成功。他精于版本目录之学，又密于检察，所著《涵芬楼烬余书录》《宝礼堂宋本书录》《涉园序跋集录》集近代目录体例之长，已成为现在古籍鉴定援引例证之一。此外，他还著有《中华民族的人格》《校史随笔》《张元济日记》《张元济书札》等。

持，而且还有所发展，到1927年国民党接收时，中国公学前后为社会培养了数千名毕业生。

• 天津梁启超旧居

梁启超晚年在文化事业上所做的另一重大贡献是发展中国近代图书馆事业。1920年欧游归来后，他就着手将原设在上海的松社迁至北京，以松社已有中外文图书和杨守敬旧藏的2.4万余册中文古籍为基础，正式向政府申请创办松坡图书馆。1923年11月，松坡图书馆正式成立，梁启超自任馆长。为维持图书馆的日常经费和购书费，他一方面向社会募捐，另一方面他每月拿出自己卖字得来的钱添补，将松坡图书馆建成为当时国内一所颇具规模的私立图书馆。

1925年，梁启超又应负责管理美国庚子赔款的中华教育文化基金董事会和教育部的聘请，出任基金董事会和教育部共同筹办的国立北京图书馆馆长。在任馆长期间，梁启超四处奔走，落实经费，并十分重视北京图书馆的图书采购和藏书建设。到1929年，国立北平图书馆（即北京图书馆）建立时，总计购置中文书籍8万余册，西文书籍3.5万余册，为国立北平图书馆的藏书奠定了基础。梁启超在病逝之前，还口头立下遗嘱，将自己的藏书全部捐赠国立北平图书馆，为中国的文化事业做出最后一份贡献。

除从事上述社会文化事业外，梁启超晚年将另一部分精力花在大学的讲坛上。1925年9月，清华国学研究院开办，梁启超应聘为国学研究院的“四大导师”之一，为清华国学研究院的发展打下基础。

除清华外，梁启超还在天津、济南、上海、苏州、南京、长沙等地的许多学校讲过学。讲学之余，他又潜心学术，著书立说，创作了一大批极有影响的学术论著，内容涉及史学、文学、哲学、图书馆学、社会学、经济、财政、法律、教育、宗教等诸多学科。其中，影响最大的有《清代学术概论》《中国近三百年学术史》《先秦政治思想史》《中国历史研究法》等。

1928年，他在病中仍坚持撰写《辛稼轩先生年谱》，直至旧病复发，再次被家人送进医院。1929年1月19日，梁启超在北京协和医院与世长辞，实践了他生前所说“战士死于沙场，学者死于讲座”的誓言，把自己最后的生命献给了祖国的文化事业。

玻　恩

—— 晶格动力学之父、量子力学奠基人之一

父亲去世前曾教导他，在大学不要立刻确定专业，一年以后再做决定。遵照父亲的指示，他制订了一个相当庞杂的学习计划，包括物理学、化学、动物学、哲学、逻辑学、数学和天文学。此外，他也阅读了大量社会科学著作，其中包括马克思的著作，并接触了康德和黑格尔哲学。在这众多的学科中，他发现自己对天文学和数学感兴趣，后来又转向物理学。一旦认准目标，他就专心致志、持之以恒地去实践目标。如为了学习天文学，他利用学校陈旧的设备，学会了准确地使用仪器进行精确的观测，掌握了一位测量科学家的全部本领。不久，他又集中精力钻研数学，尤其是矩阵计算。这种计算研究的不是单个数，而是同时分布在由行和列组成的直角矩阵中的数和函数的集。就这样，他成为一个知识渊博、多才多艺，在物理学上做出巨大贡献的人。他就是被誉为“晶格动力学之父”、量子力学奠基人之一的玻恩。

一、求学生涯

1882年12月11日，麦克斯·玻恩（Max Born 1882～1970）出生于普鲁士的布雷斯劳。父亲古斯塔夫·玻恩是布雷斯劳大学医学系解剖学和生理学教授，母亲是一位工厂主的女儿。

玻恩是在一个科学气氛很浓的、有教养的家庭里成长起来的。当他还是个小孩的时候，就经常和姐姐一起到父亲的实验室里去看实验，听父亲和一些朋友关于医学及其他科学研究和发展的谈话。

在小学和中学时期，玻恩并没有表现出特殊的才能，各科成绩也处于中等水平。1901年，他进入一所普通的德国大学预科学校学习。在这所学校里，有一位叫马施克的数学老师对他的影响很大。马施克不仅是一个卓越的教师，而且是一个善良的人，他的教学热情深深地感染了玻恩。当他协助老师在实验室里重复马可尼关于无线电通讯的实验，终于成功地把一个信号从一个房间传到另一个房间时，他非常兴奋，激动地将实验成功的消息告诉了校长。

这时的玻恩，遵照当年父亲的教导，什么课程都学，包括物理学、化学、动物学、哲学、逻辑学、数学和天文学，甚至文学、诗歌、音乐、历史、哲学等。不久，他开始集中精力钻研数学。在数学中，雅科布·罗扎奈斯教授讲授的矩阵计算使玻恩对高等数学的代数有了最初的概念。当时这种矩阵计算只属于纯数学领域，至于它在自然科学中的应用，谁也不知道。直到10年后，玻恩使矩阵计算对微观物理学具有了重要意义。

玻恩从同学及朋友那里了解到德国的数学圣地是哥廷根，便立即前往。1904年，玻恩在哥廷根主要听了希尔伯特和闵可夫斯基的课。他常应邀和希尔伯特、闵可夫斯基一同在森林里漫步。这两位伟大的数学家观察世界的方式，对社会和国家的传统制度的批判态度，给玻恩留下了极为深刻的印象。

在克莱因主持的一个关于弹性问题的讨论班上，玻恩被提名做一个关于弹性问题的报告。这样，玻恩第一次开始独立地做科学研究。玻恩的论文题为《在各种边界条件下平面上和空间内弹性线稳定性的研究》。在这篇论文的写作和实验中，他第一次感觉到理论和测量的一致所带来的满足和喜悦。这篇论文很成功，使玻恩获得了哥廷根大学的比赛奖金。

玻恩对天文学的爱好也在哥廷根得到发展。他在施瓦茨西德那里参加了天体物理学讨论会，并第一次研究现代天文学问题。在这一时期，玻恩还系统地学习了气体动力学理论，并做过关于因摆脱重力而发生扩散及进而向星际空间漏气的报告。

玻恩在求学时期，没有固定的专业，而是汲取多方面的知识养料。哥廷根又是全德国科学研究的圣地，汇聚了许多知名的学者、教授，有着浓厚而自由的学术气氛，使玻恩得以在浩瀚的知识海洋中自由地遨游。在这里，玻恩不仅学到了知识，打下了基础，而且形成了自己独特的世界观。

二、物理学家

1907年1月，玻恩获哥廷根大学哲学博士学位后，先去服了一段兵役，之后去了英国剑桥。他在剑桥只待了6个月，就回到了德国。但英国人民的亲切和好客，给玻恩留下了极好的印象。

1907年秋，玻恩回到故乡布雷斯劳。在布雷斯劳大学，他又转而研究理论问题。不久，他发现了爱因斯坦1905年发表的关于相对论的论文，立刻被它吸引住了。他把爱因斯坦关于相对性原理的思想和闵可夫斯基的数学方法结合起来，发现了一个直接计算电子电磁（质量）的新方法，并据此写了一篇电子运动相对论的论文。

1908年底，玻恩又回到了哥廷根。1909年，在萨尔斯堡举行的科学会议上，玻恩第一次见到了爱因斯坦。从此，他们建立了终生的友谊。之后，玻恩将自己的专业固定在物理学领域，开始了一个物理学家的研究工作。

1912年，玻恩开始按一个庞大计划进行研究：从点阵假设出发，来导出一切晶体的性质，晶体的粒子在内力作用下可以移动。正当玻恩着手写一部系统论述晶体运动问题的专著《晶格动力学》时，1914年，第一次世界大战爆发了。柏林大学根据普朗克的建议聘请他任柏林大学物理系理论物理学副教授。

1915年春，玻恩前往柏林，他刚开始讲课不久，就被迫去参军。后来他和兰德一起研究，试图测定离子性晶体的内能，在马德隆的帮助下获得了成功。马德隆发展了一种计算点阵中库仑力能量的方法（马德隆常数），根据这些结果，玻恩得到了简单的异极分子的形成热。这是根据纯物理学数据测定化学反应热的第一个例子。在这项工作中，玻恩还得到了化学家弗里茨·哈伯的帮助，因此，这个理论被称为“玻恩—哈伯理论”。

1915～1919年在柏林的这段时间，玻恩与爱因斯坦经常相会。爱因斯坦完成了他的广义相对论，并常与玻恩进行讨论。玻恩说：“他的概念的伟大，使我深受感动，以致我决定绝不在这个领域里工作。”1919年，当英国日食考察队的观测结果公布后，开始掀起了“爱因斯坦热”，也招致一些人的恶意攻击。玻恩在《法兰克福报》上发表了几篇文章，捍卫爱因斯坦的理论。

1919年春，玻恩作为正式教授来到法兰克福大学。在法兰克福大学，玻恩拥有一个研究所，配备有各种仪器。奥托·施特恩成为玻恩的第一助教，在玻恩指导下投入工作。为了研究原子的性质，他提出了原子射线的方法，并为在实验上证明麦克斯韦关于气体中的速度分布定律而第一次运用了这种方法。后来奥托·施特恩与实验物理学研究所助教瓦尔特·格拉赫一起，运用原子射线方法研究了量子理论中的方向量子化问题，这就是著名的分子射线实验。

这些实验出色地证实了量子论的一个基本结论：在磁场中原子的定向量子性。

玻恩自己继续从事点阵能量及其化学结构方面的研究。后来，玻恩又和学生P. 勒尔特斯合作，在实验上证实了分子的电偶极子的力学效应。

三、创立量子力学

1921年，玻恩在法兰克福大学工作两年后，被提议任哥廷根大学物理系主任，兼管理论物理和实验物理。最初几年，玻恩主要的研究是点阵动力学，还写了一些书，记载他这一时期的主要研究成果，其中《物质结构》一书，被译成多种语言出版。

在玻尔和索末菲晚期原子论的基础上，玻恩研究了原子物理学和化学的联系。他在发表于《自然科学》杂志上的《化学和物理学之间的桥梁》一文中，详细地介绍了这种联系。不久，玻恩就将研究重点转向了量子力学理论。1924年，他最先在一篇论文中采用了“量子力学”这一术语。在这一时期，玻恩对原子物理学的进一步形成产生了强烈的影响。

1925年，玻恩的助教沃纳·海森堡①在研究量子力学中提出了一个新思想：他从不应当运用不可观察的量（如电子轨道的大小和频率）这个原则出发，引进了符号运算，并在简单的体系上获得了可喜的成果。海森堡将他的论文《论运动学和力学联系的量子论诠释》送去发表后，玻恩考虑了海森堡的体系，发现海森堡的计算方法同数学家们熟悉的矩阵演算是一样的。因此，玻恩同他的学生P. 约尔丹合作，建立了“矩阵力学”的最简单的特征。然后，玻恩、海森堡、约尔丹系统地发展了这个理论。这样，虽然矩阵力学的主导思想是海森伯的，但是这种天才思想的数学形式和使它发展成为完整的理论，其功勋首先是玻恩的。

与此同时，英国剑桥的保罗·狄拉克也在海森堡的影响下，用更一般的非互换量的演算，完全独立地得出了同样的理论。然后，欧文·薛定谔于1926年发表了波动力学的论文，在苏黎世创立了自己的波动力学。波动力学很快就被承认为在数学方面同哥廷根和剑桥两种形式的量

---

① 海森堡（Werner Heisenberg，1901～1976），因其创立矩阵力学而荣获1932年度的诺贝尔物理学奖。

子力学具有同等价值。但是，薛定谔认为，粒子概念和量子性跳变概念应当统统放弃，而且他这种信念绝不会动摇。但是，玻恩在詹姆斯·弗兰克关于原子和分子碰撞的卓越实验中每天都目睹粒子概念的丰硕成果，因而他确信，粒子概念绝不能简单地取消，必须发现使粒子和波一致起来的途径。

• 1927年第五次索尔维会议合影，29人中有17人获得过或者后来获得了诺贝尔奖，中排右二为玻恩

1926年，玻恩发表了短文《碰撞过程的量子力学》，首次提出了波函数的几率解释。随后又以长篇文章和专著详细讨论并发展了这一量子力学的新方法。这种新方法是以实验为基础的，而且得到了实验的证明，使得量子力学成为一门统计性的数学物理理论。这种方法与自拉普拉斯以来人们普遍接受的方法——决定论——是大相径庭的。因此，就连对量子力学做出了重要贡献的普朗克、爱因斯坦、德布罗意、薛定谔等人也不愿接受，甚至提出许多批评，致使诺贝尔基金会拖延了28年才为几率解释的创立者玻恩授奖。

四、侨居英国

希特勒和纳粹在德国掌握政权后，实行了一系列种族歧视政策。1933年4月，玻恩被停止在哥廷根大学物理研究所的领导职务。他和亲人于1933年5月离开德国，在意大利南部多洛米特避难。在多洛米特，玻恩产生了一个想法，即把麦克斯韦的电磁场理论非线性化，因为在电磁场里，点电荷本能的能量（电磁质量）是有限的。他就按这个想法工作和讲演。

不久，玻恩收到了各国发来的邀请。其中有英国剑桥大学的邀约。玻恩接受了这个邀请，很快他们一家迁往英国。

剑桥大学授予玻恩文学硕士学位和讲师的学衔。玻恩为能在卡文迪什实验室里接近卢瑟福、威尔逊、阿斯顿、查德威克、福勒、奥利芬特、科克罗夫特和其他许多第一流的物理学家，并能获得非常重要的经验而感到高兴。

1933年，欧文·薛定谔也来到英国牛津。玻恩与薛定谔关系密切，这两位物理学家经常相互访问或信件来往，他们一直为量子力学的解释争吵不休，薛定谔反对量子规律的统计观，而玻恩则断言哥本哈根学派及海森伯对量子规律的诠释是众所公认的。当然，争论丝毫没有减弱他们之间的伟大友谊。

1936年，玻恩一家前往苏格兰，他们在爱丁堡大学“自然哲学”研究室工作了17年。在这里，玻恩很快展开了广泛的研究和教学活动。

玻恩与学生研究晶体热力学、凝聚气体和液体的分子运动论。他们那时对晶体的研究，主要涉及根据X射线漫散射和拉曼效应来测定点阵的振动光谱。

1948年，玻恩应邀在牛津大学玛格德伦学院主持韦恩弗利特讲座。那些讲稿汇集成《关于因果和机遇的自然哲学》一书，并于1949年出版。在这本书里，玻恩试图说明关于科学的哲学思想，以及他作为一个物理学家如何发展了这种思想。

战争结束后，爱丁堡的生活一天比一天好起来。1952年，玻恩首次访问了德国。1953年，玻恩到了退休年龄，当他从爱丁堡大学“自然哲学”研究室的讲席上退休时，爱丁堡大学授予他一本荣誉出版物，其中有爱因斯坦的一篇论文。爱因斯坦在这篇论文里，为否定量子力学的统计解释，提出一个简明的论据。玻恩不同意爱因斯坦的观点，而且认为爱因斯坦对一个例子的数学处理是不充分的。为此，玻恩著文答复，试图证明他的统计观点是正确的。

在这篇文章里，玻恩还对爱因斯坦的例子提出了一个直截了当的量子力学处理，并证明了在古典力学的范围里，它恰好得出了以前根据他的量子力学的统计陈述所得出的结果。

然而，量子力学波函数的统计解释刚一出现，爱因斯坦就持否定态度。他早在1926年12月就给玻恩写信说：“量子力学是深受尊敬的理论。但内心告诉我，这还不是所需要的东西。这种理论所给东西不少，但它未必引导我们更接近上帝老人的秘密。在任何情况下，上帝是不掷骰子的。”爱因斯坦始终认为，统计量子力学只是对原子中发生的诸多过程作了不完全的描述。1953年，他同玻恩就此问题展开的争论达到非常激烈的程度，他们之间通了很多信，但相互间的误解却越来越深。尽管如此，两位著名物理学家的友谊丝毫没有受损。

五、回归祖国

1953年底，玻恩从爱丁堡大学退休后，决定返回德国定居。他认为回到德国能在宣传反核武器方面比留在英国能多做些工作，因为英国人在政治上比较成熟，而希特勒的法西斯政权摧残了德国的民主，更需有人去宣传民主精神。这样，玻恩及其亲人于1953年底离开了他们居住了20年的英国，回到了祖国，在离哥廷根不远的巴特皮尔蒙特定居下来。

1954年，73岁的玻恩因他在28年前提出的量子力学波函数的统计诠释荣膺诺贝尔物理学奖。此后，玻恩将其工作的重心转向研究物理学的哲学含义。1962年12月，正值他80岁寿辰之际，柏林洪堡大学数学一自然科学系授予他名誉博士学位，哥廷根科学院出版了他内容丰富的两卷本《论文选》。

纳粹的暴行和战争的残酷使玻恩开始认识到科学家应该有强烈的社会责任感。于是，他与许多科学伟人，如爱因斯坦、罗素等一起，为新的道德规范，为世界和平而奔走呼号。

1955年，52位诺贝尔奖获得者在博登湖畔的迈瑙签订了反战的《迈瑙宣言》，玻恩便是其中的一位宣言者。同年，玻恩还在《罗素—爱因斯坦宣言》上签名。1957年，玻恩是“发表反对西德原子武装呼吁书”的18位哥廷根人之一，并且在《哥廷根宣言》上签了名。他是美国科学社会责任协会会员，也是1963年秋罗素发起的和平基金会成员。

• 1956年，玻恩（左一）、狄拉克和兹威基在德国康斯坦茨湖诺贝尔奖获得者第六次会议中合影

玻恩还通过各种新闻媒介呼吁和平。他用物理学家的眼光审视世界，对许多社会问题作了极有见地的分析，将余生献给人类的和平事业。

1970年1月5日，麦克斯·玻恩在哥廷根医院去世，享年88岁。他的学生梅耶夫人说：“玻恩的逝世是一个时代的结束；玻恩是那一代伟大物理学家的最后一位，他发展了原子结构理论，并工作于初期的量子理论，最终看护它发展成为我们今天所知道的量子力学。”

胡 适

——一个被称为“新文化运动领袖”的人

他从小受中国传统教育，接触西学后，开始追求民主与科学。他立志不做官，要以学术改造中国的愚昧。但当国家处于最危难的时期，他以一介书生，担当起驻美大使的重任。他把自己当作“过河卒子”，只能拼命向前。他在给妻子的信中表示：“我是为国家的事来的，吃点苦不要紧。我屡次对你说过：‘留得青山在，不怕没柴烧’，国家是青山，青山倒了，我们的子子孙孙都得做奴隶。”这种以国家民族为重和拼命向前的精神，实属难能可贵。他一生反对专制主义，宣传个性自由，提倡文学改良和白话文学，成为当时新文化运动的领袖。他的“大胆假设，小心求证”的治学态度，以及“认真做事，严肃做人”的做人之道都应该成为后世之楷模。他就是中国现代哲学家、文史学家、“五四”文学革命的倡导者胡适。

一、从“乡巴佬”到“新人物”

胡适（1891～1962），原名嗣穈，学名洪骍，后改名胡适，字适之。安徽绩溪县人。1891年12月17日生于上海。父亲胡传，受业于著名学者刘熙载门下，曾先后在东北、广东、河南、江苏、台湾等地充任幕僚或地方官佐十余年，最后官至台东直隶州知州，兼台东地方最高军政长官。

胡适3岁时，父亲病逝于厦门。胡适母子回到绩溪老家。母亲自己没读过书，却千方百计让儿子读书。胡适自小爱读书，9岁时，他得到一本《水浒传》残本，书中的故事吸引了他。从此，他到处借小说读，兼及弹词、传奇和笔记小说。

• 胡适在绩溪县的故居

胡适经常把读过的小说讲给本家姊妹听。为了讲聊斋故事，他不得不把古文翻译成绩溪土话，这使他更了解古文的文理章法；大量的白话小说，又使他得到初步的白话文训练。这样，在他离开家乡到上海求学时，已经能写出很像样的文章了。

胡适从5岁启蒙，9年下来，打下坚实的古文基础，也养成用功的习惯。然而，他那渴求知识的心，却已经难于满足了。他渴望跨出家门，去看看山外的世界。

1904年春，胡适告别了母亲，跟随三哥，到上海去求学。到上海后，他进入梅溪学堂。一开始，他被安排读《蒙学读本》，这对早已读过《易经》《诗经》《礼记》的他，自然毫不费力。他可以抽出时间，专攻没有学过的英文和算学。

不久，胡适就被调到高年级班。一个作文题中的“日本”把他难住了。他不知道日本在哪儿，赶来办三哥丧事的二哥给他找来《明治维新三十年史》《壬寅新民丛报汇编》一类的书，让他带回学校去翻看。这类读物，使胡适的眼光从古代转到近代。他如饥似渴地汲取新知识，追逐时代新潮流，并很快成为时代的“新人物”了。

1905年春，胡适进了澄衷学堂。这里的课程比梅溪学堂完备得多，除了国文、英文、算学外，还有物理、化学、博物诸科，这使胡适能较多地接触西方的科学和文化。严复译述的赫胥黎著《天演论》，书中“物竞天择，适者生存”的进化思想，点燃了胡适少年的心。梁启超所创办的《新民丛报》，使胡适大开眼界。他开始知道了，世界上除孔孟之外，还有培根、笛卡儿、斯宾诺莎、孟德斯鸠、卢梭、康德等许多大思想家和大学问家，也使他“第一次用历史眼光来整理中国旧学术思想”。

1906年夏，胡适考入新成立的中国公学。在这里，他一边学习，一边给《竞业旬报》写稿。胡适兴趣广泛，什么文章都写。他不仅写长篇小说，也写短篇小说、写传记、写诗歌词曲，还充当记者，采写新闻和时评。

胡适在中国公学读了两年，转入新成立的中国新公学。一年多后，新公学解散。胡适不愿回旧公学，家里的经济状况又一年不如一年。有几个月时间，胡适学会了打牌、喝酒。这种放浪颓废的生活，自然使他的精神也极灰冷颓唐。

不过，胡适毕竟不同常人。他很快就意识到这样下去，对不起在家时刻挂念他的慈母，想起李白“天生我材必有用”的名句，下决心痛改前非。在好友的劝说和资助下，他考取了庚子赔款留美官费生。

1910年8月16日，胡适在黄浦江码头登上了开赴美国的远洋巨轮。站在甲板上，望着滔滔逝去的江水，告别学习生活6年的大上海，开始了他新的人生历程。

二、西乞医国术

胡适进了康奈尔大学农学院，想做个农业家，以农报国。但他对农学院的课程实在没有兴趣。他开始广泛涉猎英国、德国和法国文学。辛亥革命成功后，美国各界人士希望了解中国新政府的情况，胡适被邀请去做了几次有关中国问题的讲演。这促使他去研究辛亥革命的背景及革命领袖人物的生平，进而对政治史也发生了兴趣。

到1912年春，胡适终于放弃农科，转入康大文学院，改学哲学和文学。就在这年9月，胡适把法国都德①的短篇小说《最后一课》首次译为中文。从此，这脍炙人口的爱国名篇，在中国传诵数十年而不衰。

1914年春，胡适写了《论英诗人卜朗吟之乐观主义》一文并获奖。这对于一个外国留学生来说，是少有的。当时报纸也作了报道和评论，各大城市报纸又加以转载，甚至登在《纽约时报》上。

留美期间，胡适经历了两次美国大选。为了解美国的政治，他特意选修了专题课“美国政府和政党”。他常到华盛顿的国会旁听，也常去伊萨卡市议会旁听。教授要求他们关注大选的经过，认定一个候选人作为自己支持的对象。胡适选择支持进步党党魁老罗斯福。他参加各种政治集会，听演讲、听辩论，夜里到市中心看选举，兴奋异常。

经过这两次美国大选的实地观察和研究，胡适对美国的政治制度发生了极大兴趣，接受了美国的民主、自由和法治思想，拥护新建的中华民国，对于诋毁中华民国的言论进行驳斥，并批判“东方人不适合于民主的政府形式”的谬论。

当袁世凯众叛亲离，在全国人民的唾骂声中忧惧而死时，胡适说这真是“千夫所指，无病自死”，而袁世凯称帝，居然有那么多吹鼓手，这就向人民昭示：专制主义在一些人心中还有市场。然而，人心所向，逆历史潮流搞专制的人，绝不会有好下场！

---

① 阿尔丰斯·都德（Alphonse Daudet，1840～1897），法国19世纪著名现实主义小说家。1870年，普法战争爆发，都德应征入伍。他以这次战争为背景，写了一组具有深刻爱国主义内容和卓越艺术技巧的短篇小说，集结为《月曜日的故事》。其中，《最后一课》《柏林之围》因艺术的典型化和构思的新颖，成为世界短篇小说中的名篇。他一生写了13部长篇小说、4部短篇小说集以及一些剧本和诗作。

1914年6月，胡适在康奈尔大学毕业，随即入研究院学习。次年9月，离伊萨卡赴纽约，转入哥伦比亚大学哲学系，受业于哲学家杜威门下，专攻实用主义哲学。后来，胡适说："我的思想受两个人的影响最大，一个是赫胥黎，一个是杜威。赫胥黎教我怎样怀疑，教我不信任一切没有充分证据的东西；杜威教我怎样思想，教我处处顾到当前的问题。"

这时，国内新文化运动正迅猛展开。1917年初，胡适在《新青年》上发表《文学改良刍议》，提出自己对文学改良的主张。该文一出，立即引起强烈反响。胡适也名声大噪，北京大学校长蔡元培慕名聘请他当教授。之后，胡适告别杜威，离开纽约回国，8月以洋翰林（博士）的身份出现在国内文化界和北京大学的讲坛上。

三、新文化运动

1919年5月4日，五四运动爆发，新文化运动也因政治的助力而迅速发展到全国。陈独秀和胡适当时是"五四"新文化运动的最有力的倡导者，因此成为领军人物。

辛亥革命后的复古倒退，使一些知识分子意识到，单纯的政治革命不足以救治中国，若想保住共和制度，实现真正民主，就应对传统的伦理道德、价值观念进行彻底整肃。因此，他们在宣传民主与科学的同时，对传统文化进行了猛烈批判。

胡适以"打倒孔家店"的猛士形象，出现在新文化的战阵上。他攻击孔教，矛头首先指向以孔孟之道为核心的旧伦理、旧道德，批判专制主义的"节烈"和"孝道"。1918年7月，胡适发表《贞操问题》一文，披露了报纸上宣扬的两起死了丈夫的年轻女子自杀殉夫的事。胡适指出：这种忍心害理的烈女论，是不合人情、不合天理的罪恶。他还写了《美国的妇人》《论女子为强暴所污》等文章，批判"饿死事极小，失节事极大"的谬论，宣传男女平等和妇女解放，在当时都颇有影响。

胡适在北京大学教授"中国哲学史""英国文学"等几门课程，开始自编《中国哲学史大纲》讲义。1919年，《中国哲学史大纲》（上卷）由蔡元培先生作序，上海商务印书馆正式出版发行。

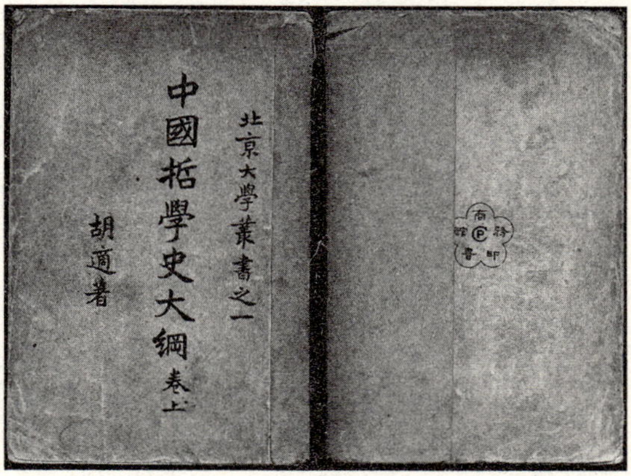

• 《中国哲学史大纲》

胡适的这部著作，在中国哲学史的研究方面，甚至在各种专史以及通史的研究方面，都是一部具有开创意义的书。蔡元培给以极高的评价，指出：第一是证明的方法，即《中国哲学史大纲》用汉学家的方法，考实哲学家生存时代、遗著真伪，“为后来学者开无数法门”。第二是扼要的手段，即“截断众流，从老子孔子讲起”。第三是平等的眼光，即摒除正统与非正统的观念，认为“老子以后的诸子，各有各的长处，各有各的短处，都还他一个本来面目”。第四是用发展的观点，系统的方法，研究哲学流派，使其“一一显出变迁的痕迹”，“递次演进的脉络”。

《中国哲学史大纲》一出版，便不胫而走，轰动一时，不出两月就再版了。随着这部书的问世，胡适也“暴得大名”，他不仅在北京大学的讲坛上站稳了脚跟，而且在中国学术史上也占得一席之地。

新文化运动的一项重要内容，是反对旧文学，提倡新文学；反对文言文，提倡白话文。这是中国文学史上第一次真正的革命，揭开了中国新文学史的第一页。

胡适是这次文学革命的主要倡导者之一。他在《新青年》上发表的《文学改良刍议》，是鼓吹文学革命、提倡白话文学的一篇宣言。他的“白话文学为中国文学之正宗”的观念，反对模仿古人，提倡“实写今日社会之情状”等，都是极有价值的论点。该文是公认的文学革命的“信号”，在当时的中国文坛和思想界引起极大的反响。从此，不登大雅之堂的“白话文学”，成了正宗的“活文学”，施耐庵、曹雪芹、吴趼人等“皆文学正宗”。而那些已完全脱离民众口语的、僵死了的文言文，是“死文字”，用这种死文字绝不能做出“活文学”来。

胡适与罗家伦合译了剧本《娜拉》，又专门写了《易卜生主义》一文。借介绍易卜生，向中国读者介绍和提倡写实主义。他指出：人生的大病根在于不肯睁开眼睛来看世间的真实现状。明明是男盗女娼的社会，却偏说是圣贤礼仪之邦；明明是赃官污吏的政治，却偏要歌功颂德。胡适要求作家，正视社会生活的“真实现状”，真实地表现社会生活。只有这样的文学，才能“叫人看了动心”。

胡适所提倡的“活的文学”，创作方法的写实主义，加之周作人所倡“人的文学”，便基本上概括了“五四”文学的新思潮、新观念。我国的新文学，便是在这三个口号所代表的新思潮、新观念影响下，孕育、发生、发展、壮大，从而开创了一个文学现代化的新时代。

这一时期，胡适为了实践自己的主张，写了一些白话诗，翻译莫泊桑、契诃夫等人的一些短篇小说，考证了一些小说，尤其对《红楼梦》的考证，用力最多，影响也最大。他由考证《红楼梦》而开创了一个“新红学”派。

胡适读书做学问，特别注重方法，这给青年人提供了借鉴。他的勤奋治学、孜孜不倦、以学问为乐趣的精神，堪为学人楷模。

1937年7月7日卢沟桥事变，揭开了全面抗战的大幕。9月，他受命以非正式使节赴美国及欧洲，进行国民外交。直到第二年7月，胡适一直在美国、加拿大各国巡回演讲，阐述日本侵华的暴行及中国抗战的决心，争取美国朝野和世界舆论的同情与支持。

1938年7月，胡适又前往欧洲游说。此间，他连续收到蒋介石致电，敦请他出任驻美大使。胡适颇有些踌躇。他曾打定主意不谈政治，不入政界，但国难当头，眼见民族危机，炎黄子孙焉能坐视？经过反复思考，他答应出任，并向夫人郑重发愿：“至迟到战争完结时，一定回到我的学术生活中去。”

四、书生大使

1938年10月5日，胡适赴华盛顿就任中华民国驻美特命全权大使。这是他在国家民族最困难的时期，当最困难的官。他曾作白话小诗一首，以表其志：“偶有几茎白发，心情微近中年。做了过河卒子，只能拚命向前。”

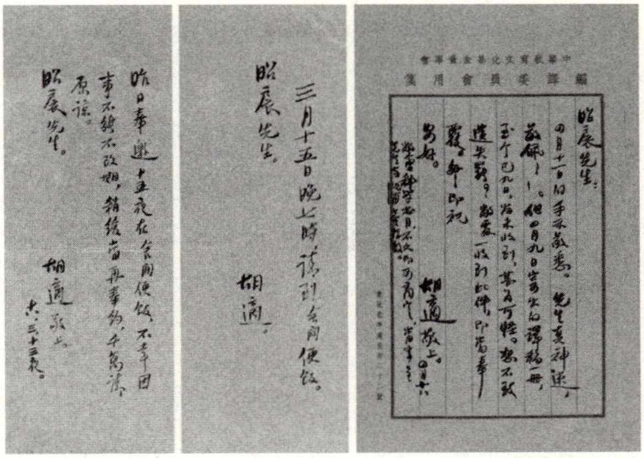
昨日奉邀十五夜在舍间便饭，不幸因事不能不改期，俟后当再奉约，千万请原谅。
昭展先生
胡适敬上
六，二十三夜

昭展先生
三月十五日晚七时请到舍间便饭。
胡适

• 胡适信件

这时的胡适，既无外交经验，也无外交天才。他以诚恳的态度和学问声望，受到美国朝野的敬重，完成了肩负的外交使命。

他所完成的第一使命，是在武汉沦陷后不久，促成美国政府给予中国2500万美元的第一笔借款，这对于当时万分困难的国民政府，无疑是一剂强心针，对全国军民的士气起了相当的鼓舞作用。

胡适做大使，最大的努力还是坚持到各地巡回演说。他熟悉美国历史，了解美国民情，又颇擅长演讲，所以能赢得美国朝野的普遍同情。后来胡适因心脏病住院70多天，体质转差，却仍经常赴外地演说。4个多月里，“演讲百余次”，差不多每天有一次演讲，由此可见胡适为国拼命效力之一斑。而中国抗战的决心，为美国朝野所了解，并得到普遍的同情和支持，应该说与这位“书生大使”的演说是分不开的。

胡适本来无心做官，太平洋战争爆发后，他便寻机求去。1942年8月15日，胡适收到免去他大使职务的电报。18日他便离开双橡园使馆，移居纽约，重新开始学术生涯。

1945年9月，胡适被国民政府任命为北京大学校长。不过，这时的北京大学已成一副“烂摊子”。当时政府政治腐败，贪污贿赂公行，加上军费开支浩大，滥发纸币，引起通货膨胀，把百姓推到了饥饿与死亡线上。胡适来到北京大学，本想把学校建成现代学术中心。但当他召开教授会，讨论他提出的十年计划时，到会的百余名教授，谈的“都是吃饭”。这让素以乐观著称的胡适也难免悲观起来，说：“这样的校长真不值得做!”

1948年12月15日，因北平被人民解放军围困，胡适同夫人乘专机飞往南京。1949年4月，胡适乘船去往美国，踏上了晚年飘零而凄惶的路。

五、飘零的晚年

胡适来到美国，仅带着一点有限的存款，加之年老多病，谋生乏术。他只有关起门来继续考证《水经注》。直到1950年5月，胡适终于在普林斯顿大学谋得葛斯德东方图书馆管理员的职务。该图书馆以中国图书为基础，包括汉文、满文、蒙文、藏文出版物，以及日本、朝鲜、印度和泰国的出版物，总计约30万册。其中最多的是中国医药学书籍及成套丛书。

胡适上任后，便精心清点整理。1952年2月，他为普大筹划举办了一个以“11世纪的中国印刷术”为题的特别书展。展览历时两个月，颇为轰动。该馆被埋没多年无人知晓的藏书，引起美国汉学界及海内外华人学者的重视。

1952年11月19日，胡适应台湾大学和台湾师范学院的邀请，自美国经日本飞抵台北讲学。那天上午，到台北松山机场来欢迎胡适的有文化教育界人士数百人，场面颇为热烈。除在学校讲学之外，公开演讲也几乎没有间断，有时一天连讲几场。直到1953年1月返美。

1957年秋，台湾“中央研究院”原院长朱家骅辞职。11月3日，评议会选举胡适为院长候选人。4日，蒋介石便圈定胡适为“中央研究院”院长。这时的胡适已年老多病，想回台湾过几年安稳日子，了却学术上的旧债，便欣然应命。

1958年4月6日，胡适飞离美国，结束了在美整整9年的流亡生活，于8日下午飞抵台湾。

此后，胡适在台的近4年里，当局和朋友都要借重他来点缀“民主自由”，他也诚心希望台湾当局多搞一点“民主自由”。1959年初，胡适所拟定的《国家长期发展科学计划纲领》正式通过，并成立了以他为主席的长期发展科学委员会。

1960年12月17日，是胡适的70岁大寿，蒋介石也赠以亲书的“寿”字镜框，还特意在官邸设宴为胡适祝寿。

胡适的健康状况却越来越差。1961年12月17日，他在病床上度过71岁生日。

1962年2月24日上午，胡适去“中央研究院”主持第五次院士会议。下午5时举行酒会，欢迎招待新、老院士。他兴致甚高，和来宾谈天，与记者们打趣。当时，他已经感到不适，勉强支持到酒会结束。他移步向会场外走去，到会场中部时，脸色大变，倒在地上，再也没有醒过来。

胡适去世后，蒋介石亲往祭吊，并亲书：新文化中旧道德的楷模；旧伦理中新思想的师表。这一准确地概括了胡适一生复杂思想和经历的挽联，悬挂在灵堂中央。

3月2日下午3时启灵出殡，前往祭吊和路祭的市民不下十余万人。10月15日，胡适被安葬于台北南港旧庄墓园。墓门上刻有蒋介石手书“德学俱隆”，墓碑上刻着：

这个为学术和文化的进步，为思想和言论的自由，为民族的尊荣，为人类的幸福而苦心焦虑，敝精劳神以致身死的人，现在安息了！

形骸终要化灭，陵谷也会变迁，但这位哲人所给予世界的光明，将永远存在！

爱因斯坦

——一个改变了“宇宙”的人

1900年4月27日，英国科学界元老开尔文勋爵在皇家学会发表了一篇著名的讲演。在回顾19世纪物理学所取得的伟大成就时，开尔文宣称经典物理学的大厦已经落成，所剩只是一些修饰工作，但同时指出在物理学晴朗的天空中也笼罩着两朵乌云：第一朵乌云出现在光的波动理论上，第二朵乌云出现在麦克斯韦—玻耳兹曼的能量均分学说上。

正是这两朵乌云即将形成震撼经典物理学晴空的暴风雨。而在此暴风雨面前，有的人惊惶失措，有的人企图对旧理论修修补补，以使其适应新的实验事实，而此时的爱因斯坦却独具慧眼，另辟蹊径，站在时代的最高峰，以其高屋建瓴之势，完成了物理学史上的一次大变革！

一、科学巨星在冉冉升起

1879年3月14日，阿尔伯特·爱因斯坦（Albert Einstein，1879～1955）生于德国慕尼黑附近一个古老的乌尔姆小镇，双亲都是犹太人。出生一年后，父亲的工厂倒闭，只好举家迁到慕尼黑。

在小学里，爱因斯坦除了喜欢空想外，并没有表现出什么特殊的才能。在中学，学校那种呆板机械的教学方式完全不合他的口味。死记硬背，枯燥乏味，全然引不起他的兴趣。老师责备他“不守纪律，心不在焉，想入非非”。父亲到学校问训导主任，自己的儿子将来应该从事什么职业。这位主任直截了当地说：“做什么都没有关系，你的儿子将一事无成。”

• 小时候的爱因斯坦

爱因斯坦早就不满这种专横、强制的教育了，他独立的个性促使他很早就开始了自己的知识探索。

就在爱因斯坦四五岁的一天，父亲拿来一个小罗盘给他玩。他发现，不管怎样转，那根细细的红磁针一直指向北边。他感到从未有过的惊奇。他想，一定有什么东西隐藏在这件事物的后面。这给爱因斯坦幼小的心灵留下了深刻而持久的印象，唤起了强烈的探索自然奥秘的好奇心。

爱因斯坦进中学以后，有一天，叔叔雅各布给他谈起了数学，并在纸上画了一个直角三角形，写了一个公式，即斜边的平方等于两直角边平方的和，对他说：“这就是大名鼎鼎的毕达哥拉斯定理。你会证明吗？”这个事实并不是显而易见的，可是却是能证明的。人的思维能证明不是显而易见的事情，这是多么奇妙！那么量一量行不行呢？不行。1000次度量不能代替一次证明，一次证明却能代替1000次度量。这又是多么不可思议！

爱因斯坦被迷住了，一连三个星期的苦苦思索，最后，居然被他证明出来了。他第一次体验到了发现真理的快乐。

在这以后，一位爱因斯坦家里的常客，来自俄国的大学生塔尔梅，送给爱因斯坦一本小书《欧几里得几何学》。爱因斯坦心醉神迷，竟一口气将它读完。欧几里得几何的清晰优美，数学证明的明晰性和毋庸置疑的可靠性，给他造成了一种强烈的印象。

从12岁到16岁，爱因斯坦自学了高等数学，中学里的数学教师已经不是他的对手，常常被问得张口结舌。他还读了康德的著作。艰深的康德哲学连哲学系的大学生都难懂，可是这个13岁的中学生却津津有味地读着。物理、化学、生物学和天文学，把一个秩序井然的世界展现在他的面前。当爱因斯坦的同学们还在死死啃着教条式的知识并为初等数学绞尽脑汁时，他却早已在高等数学的海洋里遨游了。

1894年6月，面临破产的父亲将家和工厂搬到了意大利的米兰。几个月之后，早已对德国教条式的教育深恶痛绝的爱因斯坦，毅然退学，到了米兰与家人团聚。他怀着解放了的心情投入到意大利的怀抱。这里青山绿水、白云缭绕，让爱因斯坦感到心旷神怡。到意大利的最初几个月，他享受到了完全的自由。

之后，爱因斯坦在瑞士的州立阿劳中学补习了一年。这里的老师教育思想开通、作风民主，他们不赞成用权威的棍棒和名利的诱饵当作教育的手段，主张学生自我负责，老师的责任就是向学生展示知识和科学的魅力，点燃他们好奇的火花，激起他们求知的欲望，让他们的智力自由地发展。1896年秋天，爱因斯坦顺利地在阿劳中学拿到了毕业证书。10月29日，他被免试录取到联邦工业大学的教育系。

二、叩响科学的大门

1896～1900年，爱因斯坦在联邦工业大学度过了四年大学生活。苏黎世的联邦工业大学是瑞士唯一的国立大学，这里有不少杰出学者。爱因斯坦选修了数学、物理、哲学、历史、经济和文学方面的一些课程，但却很少去听物理和数学课。他喜欢直接攻读物理学大师麦克斯韦、基尔霍夫、玻尔兹曼和赫兹的著作。在读书过程中，他学会了一种读书方法：在所阅读的书本中，找出可以把自己引向深处的东西，而把那些会使头脑负担过重或把自己诱离要点的一切统统抛掉。

1900年，爱因斯坦以优良的成绩通过了国家考试。毕业后，他首先必须为生活奔波。他到处寻找工作，但总是碰壁，后来在一所寄宿学校为将在瑞士学习的外国人讲授了一段时间的数学和物理课。

贫困、屈辱并未使爱因斯坦放弃对物理学的热爱。他一次又一次向对他紧闭的科学殿堂冲击。

1902年12月，在好友格罗斯曼的帮助下，爱因斯坦被伯尔尼专利局雇为技术员。这样，他不必再为生活操心，而且为了胜任工作，迫使他从多方面思考物理技术问题。同时，在本职工作允许的范围内，爱因斯坦有充裕的时间推敲学术问题。

在此期间，他先后结识了莫里斯·索洛文和哈比希特，他们一般在工余和课后见面，一起散步或在寓所聚会、座谈和一起大量阅读，有时也到一家便宜的小咖啡馆“奥林匹亚”聚会。他们开玩笑，把自己的团体叫作“奥林匹亚科学院”。餐桌上的话题内容极其丰富，从休谟、斯宾诺莎、马赫、庞加莱的哲学著作到黎曼的《几何基础》，都是他们讨论和研究的对象。他们经常就某一页、某一句话进行争论，争论持续到深夜，有时就一个问题争论几天。这种活泼生动的学术讨论，使爱因斯坦受益匪浅。直到半个世纪后，他还怀念那时的情景，深情赞颂“奥林匹亚科学院”。

此时的爱因斯坦，整个身心都沉浸在深刻的思考中。索洛文曾回忆说，此时的爱因斯坦，说话缓慢、单调，时而缄默沉思，人整个沉浸在思维过程中，对周围的一切都视而不见。

一年多后，妻子米列娃生下一个儿子，起名叫汉斯·阿尔伯特。儿子的出生，让爱因斯坦十分快乐，也带来了沉重的负担。这个年轻的父亲，常常是左手抱着儿子，右手做着计算。有时推着婴儿车，在伯尔尼的马路上散步，他迈着庄重的步子，每走十几步就站住，从上衣口袋里拿出纸片和铅笔，匆匆写下几行数字和公式，然后推起车子继续前行。

年轻的爱因斯坦，这时头脑里激荡着实验、假设、公式和定律，眼中闪耀着奇异的光彩，手在飞快地书写，那一个个奇妙的数学符号，将构造出一个新的世界。

三、物理学史上的伟大革命

1905年，爱因斯坦连续在《物理学纪事》上发表了三篇论文：一篇是讨论布朗运动的，它用最有力的证据证明了分子的存在，仅此一点，使他足以在物理学史上占有光辉的一页。另一篇是发展了普朗克的量子论，提出光量子假设，他将因此获得科学界的最高奖赏——诺贝尔奖。第三篇是《论动体的电动力学》。这是相对论的第一篇论文，开创了物理学的新纪元，他的名字也将与牛顿相并列。

一个26岁的青年，一个伯尔尼专利局里默默无闻的小职员，在没有研究物理学最起码的图书资料的情况下，利用业余时间进行研究，在物理学三个未知领域里，齐头并进，同时取得如此巨大的成果，这在科学史上，不能不说是一个奇迹。

天才，一个真正的天才!

但爱因斯坦自己不这么看。他对人说："我没有什么特别的才能，不过喜欢寻根刨底地追究问题罢了。"

相对论的第一篇文章奠定了狭义相对论的基础，它的首批推论之一是洛伦兹变换方程。在这里，"地方时间"已不是一种数学技巧，而是某种可用时钟测出的东西。另外，它还导致了对空间和时间的物理概念的清晰理解，并由此认识到运动着的量杆和时钟的行为；它在原则上取消了绝对同时性概念，从而也取消了牛顿所理解的超距作用；它把牛顿定律作为一种近似而包括在自己的结果中；它导致了麦克斯韦电磁方程形式上的澄清，特别导致了对电场和磁场本质上的同一性的理解；它把动量守恒和能量守恒两条定律统一成一条定律，并指出了质量同能量的等效性，从而为原子能的利用奠定了理论基础。

狭义相对论在一个基本点上保留了古典力学的基础——爱因斯坦称作"两个可怕的鬼魂"，自然规律只对惯性系才有效，而且加速运动是绝对的。这种限制对爱因斯坦来说，是不能接受的。他为此苦苦思索多年。1913年，在他的同学、数学家格罗斯曼的帮助下，他们合作发表了《广义相对论和引力理论纲要》；1916年，他又独立发表了总结性论文《广义相对论的基础》。广义相对论提出了一些崭新的见解：空间、时间不可能离开物质而存在，空间的结构和性质取决于物质的分布；由于在任何天体周围都存在巨大的“引力场”，光在“引力场”中是沿曲线传播的。他还精确地预言了恒星的光线在掠过太阳附近时，由于引力场的作用，星光将有1.7秒（弧度）角度的偏转。

这些观点，太不寻常了！

为了验证爱因斯坦的预言，英国皇家天文学会派出两支远征队，分别去非洲西部的普林西比岛和南美洲的索布腊尔。其中一支是由天文学家爱丁顿带领的，他们在日全食的1919年5月29日一共拍了16张照片。爱丁顿等不及回伦敦，就在普林西比这个小火山岛上演算起来。他经过反复计算、核对，排除一切误差、干扰，最后他完全有把握地宣布：日全食的观测，精确地证实了爱因斯坦的广义相对论。这样一来，空间就是弯曲的了，牛顿为我们勾画的宇宙图像彻底改变了……

全世界震动了。一日之间，广义相对论和它创立者的名字传遍了五大洲。世界各地发来的请帖，不断地送到爱因斯坦的住地。一个并不为绝大多数人理解的物理学理论，刹那间成为各种新闻媒体关注的中心，实在是一件有趣的事。有一次，儿子问他：“爸爸，你怎么会出名呢？”他先是

• 随着天文观测技术的不断进步，已经发现了多个重力透镜现象（遥远星系发出的光线由于黑洞极强的引力场而发生弯曲，成为一个环状，符合爱因斯坦的广义相对论理论）

哈哈大笑，然后作了一个形象、生动、传神的比喻："儿子，你看，一只盲目的甲壳虫在一个球面上爬行，它没有意识到它走过的路是弯的，而我能意识到。"

四、"掷骰子的上帝"

爱因斯坦没有陶醉在自己学说的辉煌成就中，他要向更高的峰顶挺进。他觉得，引力固然已经从空间结构推演出来了，但是在引力场之外，还有电磁场。而这个电磁场就必须作为一种同引力场无关的实体引到这个理论中来，即认为有两种彼此独立的空间结构，这不符合爱因斯坦的认识论观点。因此，他坚信，这两种场必定对应于一个统一的空间结构。

爱因斯坦的这一思想是相对论合乎逻辑的发展，也是他彻底的哲学信念的体现。对他来说，只要没有统一的场的理论，也就没有物理学；全部自然界，特别是全部物理学是一个统一的、内部和谐的整体。相对论的巨大成功，使他对于理论物理学的统一更加迷恋。

不过，爱因斯坦注定不会成功。S. 温伯格明确地指出：自然界既然存在着四种力而不是两种力，要发展一种仅仅包括引力和电磁力在内的统一场论，是注定要失败的。不过，更重要的原因还在于：迅速发展着的量子理论揭示，单个电子的运动是无法预测的，它在任何时刻的位置和速度都不能以同等精确度来测定。爱因斯坦则认为，量子统计力学只不过是我们长期以来还不能"完整地描述事物"而采用的权宜之计。他指责玻恩，说他信仰的是"掷骰子的上帝"。

1927年、1930年，在索尔维会议上，围绕关于量子现象的解释，爱因斯坦与玻尔展开激烈争论。爱因斯坦既不能以自己的观点说服玻尔，也无法使海森堡等年轻的量子物理学家心悦诚服。

渐渐地，支持爱因斯坦的人越来越少，他几乎单枪匹马地和哥本哈根学派对阵。爱因斯坦的科学理想和当代大多数理论物理学家的思想方法距离越来越大。

爱因斯坦继续走自己的路，寂寞地、坚定地，几十年如一日，从未动摇过。他在寻求自己的上帝，这个上帝是不“掷骰子”的。

爱因斯坦远离了物理学发展的主流。这使玻恩、玻尔这样的老朋友感到遗憾。玻恩说：“……这对爱因斯坦本人，对我们来说都是悲剧，因为他在孤独地探索他的道路，而我们则失去了领袖和旗手。”

五、20世纪的牛顿

1933年，阿道夫·希特勒就任德国元首之后，纳粹分子没收了爱因斯坦的全部银行存款，抢走了他的财物，把他在柏林的别墅洗劫一空，暴徒们还在大街上公开烧毁他的手稿和著作。希特勒政府还公开取消他的德国国籍。

爱因斯坦的生命面临着巨大的威胁。他被一艘私人快艇带到了美国的普林斯顿。肉体和精神的双重打击，使他显得衰老了。

1939年，丹麦原子物理学家玻尔带给爱因斯坦一个消息，说已经有人分裂了铀原子，总质量稍有点亏损，因为转变成了能量。玻尔设想，如果分裂铀原子的链式反应能够加以控制，那就会产生巨大的爆炸。爱因斯坦担心纳粹会首先制造出这种“炸弹”，便写信给当时的罗斯福总统，建议美国在“原子弹”研究上要赶快行动。爱因斯坦没有直接参与原子弹的研制工作，直到1945年广岛被炸后才知道核裂变炸弹已经成功。

1955年4月15日，爱因斯坦住进了医院。他在安静地等待死亡。他感到在地球上已经完成了他的使命，他不止一次对前来探望的亲人说：“我在这里已经把事情做完。”在顽强地抵抗所有来自肉体痛苦的时候，他拒绝吃药，拒绝打针，拒绝同任何人讨论动手术。

1955年4月18日凌晨1时25分，爱因斯坦的心脏停止了跳动。为了纪念爱因斯坦为科学所做出的巨大贡献，人们将发现的原子序数为99的元素，命名为锿。

法国物理学家朗之万曾在1931年对爱因斯坦做出评价：“在我们这

一时代的物理学史中，爱因斯坦将位于最前列。他现在是，将来也还是人类宇宙中有头等光辉的一颗巨星。很难说，他究竟是同牛顿一样伟大，还是比牛顿更伟大；不过，可以肯定地说，他的伟大是可以同牛顿相比拟的。按照我的见解，他也许比牛顿更伟大，因为他对于科学的贡献，更加深刻地进入了人类思想基本概念的结构中。”这个评价，已被大多数人所认可。

爱因斯坦不仅是一个伟大的科学家，一个富有哲学探索精神的杰出思想家，同时又是一个有高度社会责任感的正直的人。他先后生活在西方政治漩涡中心的德国和美国，曾经历过两次世界大战。他深刻体会到一个科学工作者的劳动成果会对社会产生怎样的影响，一个知识分子要对社会负怎样的责任。

爱因斯坦一心希望科学造福于人类，但却目睹了科学技术在两次世界大战中所造成的巨大破坏，因此，他认为战争与和平的问题是当代的首要问题，他一生中发表得最多的也是这方面的言论。他对政治问题第一次公开表态，就是1914年签署的一个反对第一次世界大战的声明。他对政治问题的最后一次发言，即1955年4月签署的《罗素—爱因斯坦宣言》，也仍然是呼吁人们团结起来，防止新的世界大战的爆发。

在20世纪思想家的画廊中，爱因斯坦就是公正、善良、真理的化身。他的品格与天地日月争辉，他的科学贡献，人类将万世景仰。

布劳恩

——一个被誉为“现代航天之父”的人

6岁生日时，妈妈送给他一架天文望远镜，使他对宇宙产生了强烈的好奇心，一直都想探个究竟。13岁时，他一次买了六枚火箭（黑色火药制成的烟花）装在一辆滑板车上，滑板车失控飞出，几乎惹祸。但他却欣喜若狂，万没想到他的“火箭”能有这么大的威力。借助于火箭进入太空，就成为他一生的追求。从此，他矢志不移，梦寐以求，百折不挠，终于以他的天才和不屈的毅力，使这个梦想变为现实。他就是被誉为“现代航天之父”的布劳恩。

一、从求学到成材

1912年3月23日，韦纳·冯·布劳恩（Wernber von Braun，1912～1977）出生于德国波森的维尔西茨（今波兰维日斯克）。父亲布劳恩男爵是省议会议员，后任魏玛共和国的农业部长，也是德国储蓄银行的创办者之一。母亲是个出色的业余天文爱好者，出身贵族，很有教养。

小韦纳深受母亲影响，当他从母亲那儿得到一架望远镜后，便对宇宙产生了无限的遐思。

在柏林，小布劳恩是个出了名的淘气鬼，总爱惹祸，今天爆竹炸了别人的水果摊，明天烟火又烧了人家的面包铺。上学后，他的外语特别是法语成绩十分优异，其他课程却平平，特别是物理和数学，差得令人担忧。

父亲把布劳恩转到埃特斯堡寄宿学校去。这里教学环境非常好，学生上午上课，下午则从事木工、石工、农事等创造性劳动。临睡前，他还能用他的小望远镜对着星星看上一两个钟头。

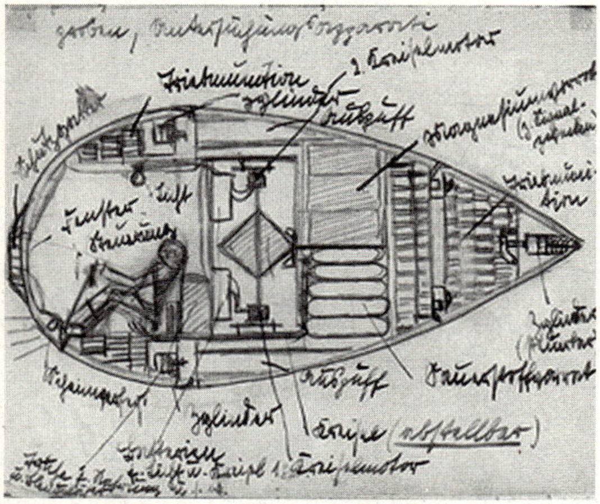

• 1926年，16岁的布劳恩描绘的太空舱图

1925年的一天，布劳恩看到德国航天学奠基人赫尔曼·奥伯特[①]写的《飞往星际空间的火箭》一书后，马上找来通读，然而书中那些五花八门的数学公式，让布劳恩烦心。他下决心，全力攻读数学和物理这两门使他头痛的学科。这样一来，成绩也逐渐地有所提高。

深邃的天空，永远是一个谜。布劳恩决心搞一个学校天文台。他首先说服校长买了一架高级的5英寸折射望远镜，又在同学中组织了一个石木工小组。在这次营建天文台的工作中，布劳恩不仅有着极大的热情，而且表现出卓越的组织才能。

毕业后，布劳恩回到柏林，到夏洛滕堡工学院就读。按照学校严格的校规和极其重视实习的条例，他必须同时在博尔西斯大机器厂当学徒。在工厂里，他学习了钳工、铸工、锻工，还在机车装配库干过三个月。这些经历，让他有了一定的技工知识。

---

① 赫尔曼·奥伯特（Hermann Oberth，1894～1989），德国火箭专家，现代航天学的奠基人之一。

这时期，火箭研究有了相当大的进展，火箭技术已经进入了实验阶段。有人造出了以火药火箭为动力的汽车和雪橇，速度得到了惊人的提高。1929年，德国人已经开始研究液体燃料火箭。

1930年，布劳恩见到了奥伯特，并参加了奥伯特的实验小组，研制液体燃料火箭推进器。1931年夏，布劳恩到瑞士苏黎世的联邦工学院深造。在这里他结识了美籍医科学生杰纳勒尔兹。布劳恩认为未来的太空人必须承受很大的加速度，他们一起进行了一系列太空医学实验。

1932年春，回到柏林的布劳恩以航空工程学士学位毕业于夏洛滕堡工学院。这时，他意识到要征服外层空间，光懂得螺帽、螺栓之类的工程是远远不够的，必须学习更多的物理、化学和天文学知识，才能透彻地理解他决心以毕生精力所要献身的事业。1932年夏，他决定转入柏林大学。

1934年，22岁的布劳恩以物理学博士学位毕业。他的毕业论文被评为最高等级：特优。在这篇论文中，年轻的布劳恩试图分析并测定火箭发动机中发生的复杂的喷射、雾化、燃烧、离解、气态平衡和膨胀等问题，并就这些问题进行了探索。

早在1932年冬，布劳恩在德国陆军的支持之下，组织了自己的实验室。布劳恩小组造出了可以产生300千克推力的再生冷却液氧—酒精发动机。1934年，他们将这种发动机装在A-2火箭上，成功地进行了发射试验。

在以后的两年中，A-2大约发射了25枚A-5导弹，使用了三种不同的控制系统，同时还试用了无线电制导波束。A-5导弹的试射取得了极大的成功，这为布劳恩今后更加宏伟的宇宙飞行计划打下了基础。

• 1954年布劳恩与迪斯尼合作，在儿童教育电视节目中推广他的太空计划，身后为V-2火箭模型

在德国军方的大力资助下，布劳恩在波罗的海海滨佩内明德建起了一个大型实验厂。1940年夏，为了成功地研制出V-2导弹，布劳恩全力以赴，先后组建了过氧化物蒸汽发生器研制小组、燃烧喷射实验小组、超音速风洞实验室、电子实验室……还邀请一些大学的工程学、物理学和化学教授到佩内明德来，委托他们完成一些研究任务。

经过两年的不懈努力，第一枚V-2火箭终于可以进行发射试验了。不过头两次试射却失败了。到1942年10月3日，第三枚V-2火箭升上了天空，火箭上的发报机继续运转达五分钟左右，最后坠落在波罗的海。这是一次非常成功的发射试验。

1944年9月8日，德国部队从荷兰海牙郊外发射了第一枚用于实战的V-2导弹。发射后不到六分钟，这枚带有2000磅炸药的火箭，在离英国伦敦很近的泰晤士河畔爆炸，造成严重破坏。在以后的10天内，纳粹德国向伦敦倾泻了26枚V-2导弹。

布劳恩和佩内明德火箭基地小组的成员们为此感到懊悔，他们原想把V-2火箭作为月球飞行的第一步，但是却参与了战争。布劳恩认为，研制V-2火箭，并不是想要作为一种残酷的杀伤性武器，对此他深感遗憾。他还为此受到纳粹的怀疑，甚至遭到调查和拘捕。

二、新的火箭试验

1944年下半年后，德国的侵略战争已经走向穷途末路。1945年5月，当停战公告响彻德国领土时，布劳恩及其小组终于向美军投降。对布劳恩来说，这次“投降成功”应该是他一生中的重大转折。

1947年3月，布劳恩获准回德国与他的姨表妹玛丽亚结婚，婚后一起返回美国。在美国，他长期被压抑的探索宇宙的力量迸发出来。在工作之余，布劳恩根据V-2火箭所产生的火箭推进技术的现状，开始研究大规模火星探险的可能性。为了把与这种探险有关的许多技术问题和非技术问题集中起来，他把自己的设想写成一部小说，名为《火星计划》。

在《火星计划》中，布劳恩设想：用10艘航天飞船组成一支飞船队，乘员不少于70人，飞船队的每艘飞船将在两小时的绕地球运动中组织起来。当飞船队在与火星轨道相切的椭圆形轨道上达到太阳远点时，它们将会受到火星重力的吸引，这时通过发动机的作用，进入绕火星的轨道，然后降落、登陆。用大致相同的方法，宇航员们会安全回到地球。

从技术上看，《火星计划》是合理的，只要有足够的人力和物力，今天依然切实可行。他为人类走向宇宙、奔向火星指明了一条航线。

1950年，美国陆军制订了第一个大型导弹计划——红石计划。布劳恩全力以赴，担负起这一庞大复杂工程的最重要部分——动力系统和制导系统。

由于布劳恩的辛勤努力，美国终于研制出了先进的中远程弹道导弹——“红石”导弹。在这枚导弹中，装有一个完整的弹道导弹惯性制导系统，应用了晶体管放大器。布劳恩小组还改进了导弹头锥的材料，使之更加耐热，并成功地发射了中程三级“红石”导弹。

1956年2月，美国成立陆军弹道导弹局，布劳恩担任该局的技术指导。在这里，布劳恩的杰出组织才能和才智得以展现和发挥。他不仅使陆军弹道导弹局发展成为一个巨大的科研中心，一切研制工作井井有条，而且在他的倡导和参与下，美国取得了水下潜艇发射运载火箭的成功。

三、探索外层空间之梦

探索外层空间，一直是布劳恩的梦想。为此他提出了一系列宇宙飞行计划：第一，创造一种核动力的火箭发动机，利用在反应器中受热后喷射出来的工作流体作动力；第二，继续研究宇宙飞行中的人类宇宙医学问题，也就是人体所能承受和适应宇宙飞行的能力；第三，发射更多、更好的探空火箭，这些火箭的飞行高度要远远超过V-2火箭目前所达到的高度，以便取得宇宙空间更广泛的资料。

在具备了上述步骤后，布劳恩主张先用动物进行试验，然后才能实现最终目标——永久性载人空间站。他还考虑到人在空间站中的失重情况，为这种空间站设置了一台小型切线火箭发动机，安装在空间站边缘，使之旋转产生离心力以代替重力。同时，这个空间站的动力系统取自于顶部的硅板，把太阳能转化为动力源——电能。

在空间站的主外壳方面，布劳恩主张，用双端螺栓固定上一层缓冲壁或外壳，用来防范可能袭来的陨石撞击，并且在某些区域涂成黑色，利用黑色的吸热性能为内部提供热力。此外，空间站还要有防辐射和可以关闭的密封窗。

由于美国政府和军方对这一和平的开发计划不感兴趣，不愿对此进行大量投资，布劳恩的计划被搁置了下来。

1957年10月4日，苏联成功地把一颗人造卫星送上太空。这一消息使美国大吃一惊。一个月后，苏联又把另一颗卫星送入了轨道，还带着一只名叫“莱伊卡”的小狗。狗的跳跃声和呼吸声从太空传到地球。

美国终于有了反应。艾森豪威尔总统指示陆军部，利用一切现有的技术和丘比特-C的构架，把一颗卫星送入太空。这颗卫星包括一个盖格计数器和发报机，被命名为“探险者号”。

这项任务是布劳恩盼望已久的。他指挥着3000多名科学家、工程师日夜不停地进行着设计、修改、试验和装配工作。在经历了一系列的改进、试验、失败，再改进、再试验后，“探险者号”终于通过了全部地面试验，并于1958年1月31日发射成功。

消息传来，在场的官员们高兴万分，互相祝贺，纷纷上前与布劳恩握手，表达他们心中的无比兴奋和深深敬意。与此同时，艾森豪威尔总统在话筒中向美国和世界宣布：“美国已经成功地将一颗科学地球卫星送入预定轨道，这是我们参加国际地球物理年活动的一个组成部分。”

布劳恩小组和火箭基地成了欢乐的海洋。《时代》杂志的记者们拼命赶写一篇以布劳恩为封面图片的详尽报道。白宫举行了盛大的庆祝仪式，在这个仪式上，艾森豪威尔总统向布劳恩颁发了“美国公民服务奖”。

在当时的美国，韦纳·冯·布劳恩博士成了民族英雄。

四、阿波罗登月

布劳恩因“探险者号”的成功而赢得了人们的信任和爱戴，政府和军界也更支持他的航天研究。为了尽早实现宇宙飞行的梦，布劳恩等人在1958年底，用一枚“丘比特”火箭将一只鼠猴用特制的密封舱送入太空，并把这只猴子的呼吸、心跳速率、心电图和体温等资料通过遥测发射器传回地球。虽然这个特殊的密封舱在被回收之前落入大海，猴子被淹死，但资料表明，在事故发生前，猴子的状况一直很好。

1959年1月2日，有消息证实，苏联成功地超越逃逸速度，向月球区域发射了第一个自动星际站“月球一号”。1471千克的巨大有效载荷脱离了地球引力，成为第一颗太阳系的人造小行星。

两个月后，布劳恩及其团队再次为美国挽回了面子，用“天后二号”成功地把“先驱者四号”送入了外太空。

在土星系列火箭中，布劳恩设计了8引擎的集束式火箭发动机，并改进了燃料供应系统。经过两年多的试验和改进，1961年10月，第一枚“土星一号”发射取得了完全成功，近地有效载荷达到了9吨，这是当时美国推力最大的火箭运载工具。

与此同时，实现载人飞行的“水星计划”也在挫折与失败中进行着。但苏联又完成了新的航天壮举，1961年4月12日，苏联航天宇航员尤里·加加林成为第一个进入太空的人，在环绕地球一周后，成功地返回地面。这一举世瞩目的成就促使布劳恩更加辛勤地工作，加紧进行“水星计划”的试验。

1961年5月，一枚“红石”火箭将美军谢泼德中校送入太空，使他成为美国第一个在空间飞行的人。两个月后，格里森少校进行了同样的太空飞行。

1965年5月，美国宇航员完成了环绕地球22周的计划。“水星计划”证实了载人空间计划继续进行的可能性，为人类登上月球奠定了基础。

载人飞行的实现使布劳恩与他的梦想又接近一步，在进一步研制巨型火箭的同时，他参与了为登月进行准备的“双子星计划”。1961～1965年，这一计划如期实现了。通过这一计划，布劳恩等人证实了长时间航天飞行的可能性，完善了两个航天器在轨道上会合和对接的技术程序，取得了精确控制重返大气层着陆的能力和舱外活动能力。所有的工作和所有的努力证实，人类登上月球，已经是万事俱备了。

1969年7月，人类登月之梦终于可以实现了。完成这一使命的是“土星五号”运载火箭和“阿波罗11号”航天器。在此之前，“阿波罗号”航天器只能载着人进行绕月飞行，一次次与月球擦肩而过。

7月16日凌晨4点，布劳恩就来到肯尼迪航天中心。“土星五号”月球火箭矗立在发射架上，只待点火升空。在发射场外八九公里的地方，来自世界各地的要人云集。他们都把目光指向远方的天空，大家都意识到，自己即将目睹重大历史事件发生的经过。

在震耳欲聋的轰鸣声中，巨大的白色火箭徐徐上升，速度越来越快，最后消失在云层中。由布劳恩和工业界15万名工程师和技术人员研制的巨大火箭，正飞向月球……

• 布劳恩站在美国空间及火箭中心为“土星五号”运载火箭所用的F-1引擎前留影

在以后的几天中，宇航员阿姆斯特朗、奥尔德林和科林斯将勇敢地进行着历史上最冒险的旅行，全世界的人都心急如焚地等待着来自另一个世界的佳音。

7月20日下午1时42分，宇航员阿姆斯特朗和奥尔德林进入登月舱，为即将进行的登月作准备。这次飞行的决定性时刻来到了，人们纷纷守在收音机和电视机旁，等待着这历史性的一刻的来临。

下午3时12分，一切准备就绪，登月舱发动机点火，飞行器开始控制向月面降落。飞行控制中心的闪光指示灯不停地闪烁，表明登月舱在不断地下降，终于，指示灯停止了闪烁，阿姆斯特朗的声音传到了地球：“这里是月面静海基地，我们已经着陆!”飞行控制中心立刻充满欢呼，而布劳恩的眼睛也湿润了。

1969年7月20日，美国东部夏令时晚上10时56分，阿姆斯特朗走出舱门，走到舷梯的最后一级上，伸出脚，在月球上踩了人类第一个脚印，同时说了一句举世传颂的名言：“这是个人的一小步，却是人类的一大步。”与之通话的美国肯尼迪航天中心官员高呼：“你踩下的脚印，也是布劳恩博士的足迹。”

20分钟后，两个宇航员已经开始在月面上活动，进行科学实验。登月舱外的电视摄影机记录下他们的壮举，并把信号发回地球。地球上，成千上万双眼睛在注视着他们三人，并且为之欢呼雀跃，三位宇航员的英雄行动将永载史册。而三位功勋宇航员后来合著的一本书的题词中写道：“献给韦纳·冯·布劳恩：是您的主张和预言，您的宣传和研究，您的扶持和促进，使我们捷足先登月球。”

有人曾经这样评价过布劳恩：“美国的空间计划已经产生了许多实际效益：它提高了生活的质量，振奋了美国和世界人民的精神；它提高了人对宇宙的估价，开阔了眼界，刺激了经济；它继续推动着科学和技术的发展。对美国的空间计划而言，布劳恩的名字比其他任何人的名字联系都要紧密。”

虽然布劳恩是一个强人，但不是一个铁人，长年的辛劳使他患上了肠癌。1975年8月，他进行了手术。手术后三个月，巨大的工作热情和坚强的意志促使他再度回到办公室，并参与新近成立的全美航天协会的工作。

1977年6月，布劳恩终于没躲过病魔的困扰，这位伟大的火箭专家、现代航天之父与世长辞，终年65岁。

• 1969年7月16日，美国“阿波罗11号”飞船升空，实现了人类首次登月

阿姆斯特朗

——一位绝不轻言放弃的赛车手

一年一度，具有百年历史的环法自行车大赛是世界上最艰苦的体育比赛之一。在整个比赛中，赛手们必须在23天里，以时速40～50多千米完成3200多千米的赛程，其间还要穿越山高路险的阿尔卑斯及比利牛斯山脉，赛道海拔最高点可达2200多米。据统计，一场足球赛中一个球员一般消耗1000～2000卡路里的能量，而作为一个环法赛车手却在全赛程中几乎每天都要消耗8000～9000卡路里的能量。要争取环法赛的胜利，不但是赛车手们体力和技术的较量，更是一场意志和耐心的考验，只有那些持之以恒、决不放弃的运动员，才有可能最后登上环法自行车赛冠军的宝座。兰斯·阿姆斯特朗就是这样一位伟大的自行车赛手，自1999年开始，直到2005年，他连续七年保持着这项桂冠，堪称奇迹。

一、少年铁人

1971年9月18日，兰斯·阿姆斯特朗出生于美国得克萨斯州的普兰诺。两岁时，父亲就弃阿姆斯特朗母子而去，仅靠母亲琳达·穆妮汉姆一份相当微薄的薪水维生。琳达是一位个性极坚毅的女子，独自默默地以极大的耐心养育年幼的儿子，她不但尽全力给予儿子一切，而且她的坚韧和从不放弃的意志在他的生命里留下了深深的烙印。

在阿姆斯特朗少年时期的一次长跑比赛中，由于赛前饮食不当，使得他中途体力不支，仅跑了一半就无力为续。在赛道边上的琳达看到后，赶忙过去打气：

“坚持，儿子，你能做到的。”

“没有一点力气，”阿姆斯特朗呻吟，“精疲力竭了。”

“我知道，但你也不能打退堂鼓。哪怕走也要走到终点线。”

最后，阿姆斯特朗坚持走到了终点。20多年后，阿姆斯特朗成为了前所未有的七届环法赛冠军，他以“永不放弃，咬牙坚持到最后”的形象闻名于世，这与这位瘦小但坚韧不拔的女子的言传身教有很大关系。

阿姆斯特朗7岁时，得到一辆山地自行车，他立刻爱上了骑车飞驰的感觉，并很快养成了一种习惯：每天天一亮，他就骑上车穿过16公里寂静无人的街道，在上学前先到水里游上4000米；放学后又骑16公里，然后再游上6000米，从不间断。到15岁时，他已经练就了相当强健的体魄。一个偶然的机会，阿姆斯特朗参加了当地举行的少年铁人三项赛，也就是自行车、游泳和长跑三个项目的综合接力赛。结果从没有经受正规训练的阿姆斯特朗出乎意料地获得冠军。没过多久，他再次在休士顿举行的少年铁人三项赛中夺冠。很快，阿姆斯特朗铁人三项赛的成绩不但在普兰诺地区稳坐第一，即便在整个得克萨斯州也没有对手。这让阿姆斯特朗认识到自己的极强的耐力，他坚信：只要坚持不懈，就一定能超越对手。

阿姆斯特朗开始参加各种铁人三项赛，甚至谎报年龄去参加成人比赛。16岁时他开始与成年人们一起训练，同场竞技，并成为这项比赛中小有名气的新星。但阿姆斯特朗并没有为丰厚的奖金和不断增多的奖杯而沾沾自喜，他不断增加着自己的训练强度，立志要成为一名世界级的运动员，并认定他的最强项——自行车竞赛为自己的主攻目标。18岁时，阿姆斯特朗被选入了美国国家自行车队。

二、纵横驰骋

美国是一个体育运动相当普及发达的国度，但是只有橄榄球、棒球、篮球这样对抗性相对激烈的项目才是美国青少年最热衷的运动，而阿姆斯特朗却是一个例外。凡是与球类有关的项目他几乎一概不喜欢。他擅长的都是那些需要依靠持续不断的耐力，靠着坚持不懈的意志取得胜利的运动。

当时，自行车比赛在血气方刚的阿姆斯特朗眼里还相当简单，他以为只要奋力蹬踏，拼命冲刺就可以了。他感到自己有使不完的劲，恨不能从比赛一开始就发力，然后一路领先，风驰电掣般地冲到终点，夺取胜利。由于他总是跃跃欲试，在赛场上咄咄逼人，被队友们戏称为“鲁莽小子”或“得克萨斯公牛”。

• 兰斯·阿姆斯特朗骑山地自行车

1990年，阿姆斯特朗跟随美国国家队来到日本的宇都宫，参加世界业余自行车锦标赛。赛前教练员给阿姆斯特朗下达战术指令：在大半程中跟随主车队，不要过早发力，要耐心地等待机会，保存体力，蓄势待发。阿姆斯特朗开始时遵守着教练的要求，可是没有多久，他就沉不住气，加速冲到了队列前面，并将对手远远甩在了后面。正当阿姆斯特朗沾沾自喜，以为胜利将唾手可得时，在关键的倒数第三圈，落在后面的对手纷纷开始发力冲刺，他大惊失色，想努力保持优势，但是体力已经消耗太多，没有多少精神和体力与那些老谋深算的对手抗衡，于是被一次又一次超越，最后只获得了第11名。

这次比赛给了阿姆斯特朗一个沉痛教训，看来光有蛮力还是不够的，还要学会如何比赛。这绝不是靠着一时冲动就能一蹴而就的。阿姆斯特朗开始慢慢领悟：自行车赛其实是一种相当成熟的竞赛项目，只有在长时间里积累耐力并融合不断从经验中总结出的战术，才有可能登上胜利的巅峰。

1991年，阿姆斯特朗在获得了全美业余冠军后参加了1992年的巴塞罗那奥运会，名列第14，并加入职业车队。他在比赛中不断积累经验，也认识到了职业比赛的残酷性。他第一次参加的职业比赛是以艰苦闻名的“圣塞巴斯蒂安经典赛”。这个比赛简直是对车手体力与耐力的极度考验。比赛那天，大雨如注、寒气逼人，而赛道颠簸得让人几乎要骨头散架，中途不断有车手退出比赛，阿姆斯特朗被对手们远远地甩到了后面，几度想着要放弃比赛，但是他还是咬着牙坚持下来。结果，他的第一场职业比赛以倒数第一名告终。但是不甘屈服的阿姆斯特朗发誓：“只要我的心脏还没有在胸中炸开，我永远不再做最后一名。”仅仅休息了两天，他就抖擞精神参加了苏黎世冠军赛，结果获得了亚军。

三、征服癌症

1993年，21岁的阿姆斯特朗成绩稳步上升，并在挪威举行的世界锦标赛中一举夺冠。到了1996年，他已经成为排名世界第五的自行车顶尖高手，与法国著名的车队科菲蒂斯队签下一份条件优厚的合同，在奥斯汀湖边买下一栋豪宅，有了一个漂亮的女友。正当意气风发的兰斯刚刚度过25岁生日，忽然感到疲劳和浑身疼痛，并开始大口咯血。到医院经再三检查，医生断定，他得了睾丸癌，生存的希望几乎不到40%！

从医院回家的路上，一向喜欢超越、热爱飙车的阿姆斯特朗平生第一次放慢了速度，甚至连踩油门的脚都变得异常沉重，并逐渐停顿下来。想到自己一度永远渴望着向前驰骋的生命有可能就要永远停顿下来，他万念俱灰，抱着方向盘，不由自主地停在大道中间痛哭失声。四下被阻塞的车辆挤成长龙，喇叭声此起彼伏，就像为这个铁汉敲响的丧钟。

阿姆斯特朗的生活开始变得痛苦不堪，他不再是骑着赛车去征服远方一座一座山峦险道，而是只能听任手术刀、化疗去击退自己身体里癌细胞的不断侵袭。尤其是化疗，它不仅杀死兰斯身体中的癌细胞，也杀死健康细胞，攻击阿姆斯特朗的骨髓、肌肉、牙齿、喉壁和胃壁。由于无力抵抗任何感染，阿姆斯特朗牙龈出血，口腔溃疡，胃口全无。他曾经一度引以为豪的身体开始变得脆弱不堪，不但须发尽落，甚至连眼睫毛都脱落殆尽，面目苍白，活像一个蜡人。痛苦之中，他自问：这样的化疗究竟会先杀死癌细胞还是先杀死自己？

但是阿姆斯特朗不甘服输，生存的本能和重新跨上赛车驰骋的愿望刺激着他。接受化疗一周后，他每天一早就挣扎着起来，穿上运动服，戴上耳机，出门大步疾走，直到满身是汗为止。到了傍晚，他还会尝试着重新跨上赛车。阿姆斯特朗相信，只要自己还能骑车，就远还没有达到病入膏肓的程度。骑车一度是他证明自我价值的手段，现在则成了战胜病魔并从癌细胞那里夺回自信的方法。在新闻发布会上，阿姆斯特朗信誓旦旦：我决心与疾病抗争到底，我一定会获胜的。

经过几个月治疗，好消息开始回应阿姆斯特朗的决心，在一次肿瘤切除手术后，病理医生对切除的肿瘤进行检查，发现那里的癌细胞居然已经坏死，药物终于开始发生作用了！阿姆斯特朗得知消息不由得放声长笑，患病后，他一直在试图与袭入自己身体的癌细胞对话，告诉它们："选择了我，是你们犯的一个大错，你们找错了对象。"1996年12月13日，阿姆斯特朗接受了最后一次化疗后，终于可以回家了。

四、重返艳阳下

出院后的阿姆斯特朗成立了一个慈善基金会，他要把自己在这几个月中面对的问题告诉世人：应该如何克服对疾病的恐惧。癌症，并不是死亡的一种形式。它只是生活的一部分，并可能是通向第二次生命，通向新的生活的一条道路。

1997年夏天，他在法国度假时恰逢环法自行车赛，看着当年同场角逐的车手们在阳光下纵横驰骋，不由得心驰神往。他的心还是属于艳阳下的车队的，于是决心重返赛场。在离开赛场18个月后，他加入了美国邮政车队，再次登上赛道，在历时五天横穿西班牙的“露塔·德·索尔”赛上名列第14。尽管和得病之前的成绩难以相提并论，但是还是引起了不小的轰动。人们开始议论，那个勇往直前的“得克萨斯公牛”又回来了。

1998年10月，阿姆斯特朗参加了自行车世界三大赛事之一的“环西班牙赛”，以落后冠军仅2分18秒的差距，夺得了第四名。尤其是在最艰苦的山地赛段取得了十分不俗的成绩。环西班牙赛意味着阿姆斯特朗不仅重返了赛场，而且比以前更加出色：他现在已经有能力在世界上任何赛事中获胜了。信心倍增的阿姆斯特朗把下一个目标瞄准了自行车比赛的皇冠：环法赛。

1903年开始举办的环法自行车大赛是每一个自行车赛手心目中的最高荣誉，也是对一个赛车手的全面终极考验。随着时光的变迁，科学的发展，环法比赛也成了高科技的结晶。自行车轻得可以用一只手将它们轻松举过头顶，而车手们更是配备了计算机、心率监测器，甚至对讲机。用电脑来计算车手的体重与自行车重量之间的平衡，分析自行车在不同赛段中仍然可以挖掘出的速度，试着找到更快地到达终点线的方程式，以及训练情况的电脑曲线图，校定距离、蹬腿力度和极限点。就连吃东西也变成了做数学计算题。选手们每天用计量器来计算自己的代谢物摄入量，计算蹬腿力度与摄入的热量之间的比例，决定每天该吃多少东西，消耗掉多少卡路里，保证自己能以最好的状态战胜赛程中的艰辛，精力旺盛地冲向终点。

阿姆斯特朗患癌症之前，曾前后三次参加环法赛，也赢得过几个赛段的冠军，但是从没有一次能够骑完全程。1999年，阿姆斯特朗开始全力以赴，备战环法。他在训练场上发疯般地训练。过去他擅长的是冲刺，而爬坡则是他的软肋。所以阿姆斯特朗就针对爬坡进行强化训练。在阿姆斯特朗住地周围大约有50个非常艰苦的坡道，每条坡道的长度都超过10公里。它的难度在于车手不是每隔一会儿爬一个坡，而是要反复不断地爬。阿姆斯特朗常常在一天当中练习三种不同的坡道，一连骑上六七个小时。队友休息时，他依然苦练不止。他知道，要想在环法赛中获胜，就是要在别人不愿骑车时，自己还能驰骋不息。

五、环法大赛

1999年7月3日，第86届环法赛拉开帷幕，阿姆斯特朗成为180名车手中的一员。但几乎没有什么人看好阿姆斯特朗，在众人眼里，他只不过是一个让人肃然起敬的抗癌症斗士，但要染指自行车比赛的皇冠，还相差太远。但是，在首站8公里的计时赛中，阿姆斯特朗就出人意外地一马当先，夺得第一。在他的运动生涯里第一次披上了标志着环法赛总成绩领先的黄衫战袍。首战告捷，在一片赞誉声中，阿姆斯特朗十分冷静，为了保持体力，在之后的赛段中安静地跟在了后面。他深知，要夺得环法大赛的总冠军绝不能仅仅拘泥于一站一地的成绩，只有蓄势以待、不舍不弃并坚持到底的斗士才能笑到最后。环法历史上不乏这样的先例：曾有一位选手，先后十几次夺得赛段冠军，但却没有一次能够完成全程；也有夺得环法总冠军的车手，总成绩遥遥领先，但却没有一站能够顺利冲在最前面。环法就像一块试金石，需要不断耐心打磨，才能最后闪耀光芒。

• 环法赛上史无前例的七冠王兰斯·阿姆斯特朗

赛程进行到了将近一半，不断有车手冲到了前面。媒体、对手也慢慢忽略了阿姆斯特朗的存在。直到第九赛段，兰斯突然开始再次发力，并重新夺回黄衫。之后，他就牢牢把持着领先的态势，顽强地把与对手们的差距一分一秒地拉开。在进入山地赛段后，对手们接二连三地对他发起了冲击，试图打乱兰斯的比赛节奏，但阿姆斯特朗不为所动，在队友们的配合保护下沉稳地保持着自己的优势。在经过23天20个赛段和3686.8公里的长途冲刺，阿姆斯特朗终于以领先第二名7分37秒的成绩，冲到了终点巴黎香榭丽舍大街，第一次夺得了环法自行车大赛的总冠军。从此揭开了环法大赛“阿姆斯特朗时代”的序幕：2000～2005年，兰斯又连续六次夺冠，成为环法赛上史无前例的七冠王。

在功成名就时，阿姆斯特朗依然一如既往地沉稳，他说：“我并非常胜冠军，有时候我甚至要竭尽全力才能冲到终点。但是，每参加一次比赛，我就会感觉到对自己的生活能力有了更进一步的了解。因此，我会永远这样骑下去，我要竭尽全力地骑下去，即使在没有这个必要时也一样。我不想长生不老，走到生命尽头时我也会死去，但是在那一刻到来之前，我都会一直骑着我的自行车，直到生命的最后一刻——我大概会从飞驰着的赛车上倒下来。”

图书在版编目（CIP）数据

所谓成功，就是能够坚持到底 / 李辉等编著. —杭州 ：浙江人民出版社，2017.4

（好榜样胜过好老师丛书）

ISBN 978-7-213-07934-4

Ⅰ. ①所… Ⅱ. ①李… Ⅲ. ①名人-生平事迹-世界-青少年读物 Ⅳ. ①K811-49

中国版本图书馆CIP数据核字(2017)第045088号

所谓成功,就是能够坚持到底

李　辉　缪德民　卓　勇　钱伟刚　编著

出版发行: 浙江人民出版社（杭州市体育场路347号　邮编　310006）

市场部电话:(0571)85061682　85176516

集团网址: 浙江出版联合集团　http://www.zjcb.com

责任编辑: 洪　晓　陶辰悦

责任校对: 陈　春

封面设计: 大漠照排

电脑制版: 杭州兴邦电子印务有限公司

印　　刷: 浙江新华印刷技术有限公司

开　　本: 710毫米×1000毫米　1/16　　印　　张: 14.25

字　　数: 198千字　　插　　页: 1

版　　次: 2017年4月第1版　　印　　次: 2017年4月第1次印刷

书　　号: ISBN 978-7-213-07934-4

定　　价: 28.00元
